Em que acreditam os judeus?

Edward Kessler

Em que acreditam os judeus?

Tradução de
Marilene Tombini

Revisão técnica de
Tova Sender

CIVILIZAÇÃO BRASILEIRA

Rio de Janeiro
2010

Publicado originalmente em inglês por Granta Publications,
sob o título What Do Jews Believe?, copyright @ Edward Kessler,
2006.
Editor da série: *Tony Morris*

Edward Kessler tem os direitos morais assegurados para ser identificado como autor deste livro.

Título original
What Do Jews Believe?

Capa: *Sérgio Campante*

CIP-BRASIL. CATALOGAÇÃO-NA-FONTE
SINDICATO NACIONAL DOS EDITORES DE LIVROS, RJ

Kessler, Edward
K52e Em que acreditam os judeus? / Edward Kessler; tradução Marilene Tombini. – Rio de Janeiro: Civilização Brasileira, 2010.
(Em que acreditamos?)

Tradução de: What do jews believe?
Contém glossário
Inclui bibliografia e índice
ISBN 978-85-200-0836-2

1. Judaísmo. I. Título. II. Série.

09-4126
CDD: 296
CDU: 26

Todos os direitos reservados. Proibida a reprodução, armazenamento ou transmissão de partes deste livro, através de quaisquer meios, sem prévia autorização por escrito.

Este livro foi revisado segundo o novo Acordo Ortográfico da Língua Portuguesa.

Direitos desta tradução adquiridos pela
EDITORA CIVILIZAÇÃO BRASILEIRA
Um selo da
EDITORA JOSÉ OLYMPIO LTDA.
Rua Argentina 171 – 20921-380 – Rio de Janeiro, RJ –
Tel.: 2585-2000

Seja um leitor preferencial Record.
Cadastre-se e receba informações sobre nossos lançamentos e nossas promoções.

Atendimento e venda direta ao leitor:
mdireto@record.com.br ou (21) 2585-2002

Impresso no Brasil
2010

Para minha mãe

Sumário

Agradecimentos   9

1 O que significa ser judeu atualmente?   11
2 Quem é judeu atualmente?   23
3 Como chegamos até aqui?   35
4 Em que acreditam os judeus?   69
5 Variedades de crença   103
6 O que fazem os judeus?   121

Glossário   147
Calendário das festividades judaicas   151
Cronologia   155
Bibliografia   165
Leituras adicionais   169
Recursos na internet   171
Índice remissivo   175

Agradecimentos

Não é de espantar que escrever uma obra introdutória sobre os judeus e o judaísmo não seja tarefa fácil. Que tenha se tornado um trabalho tão gratificante deve-se a um número significativo de pessoas.

Gostaria de agradecer ao meu editor, Tony Morris, que me manteve concentrado na tarefa em questão, que editou o manuscrito com enorme atenção e demonstrou paciência durante todo o processo. Fico também agradecido a George Miller, da *Granta*, pelo incentivo.

Há uma série de outros amigos e colegas sem cuja ajuda este livro não teria sido concluído. Meus agradecimentos aos colegas do Centro de Estudos das Relações Judaico-Cristãs (CJCR), Melanie Wright, Lucia Faltin, Maty Matyszak, Dan Avasilichioaie e Rachel Davies. Rachel leu meticulosamente os rascunhos dos capítulos e também preparou a cronologia e o glossário.

Foi um privilégio lecionar aos alunos do CJCR e da Federação Teológica de Cambridge. Ensinar, na verdade, é a maior fonte de aprendizado, e grande parte do material contido neste livro se originou nas aulas e conversas com meus alunos. Nem preciso comentar que quaisquer erros nas páginas que se seguem são de minha total responsabilidade. Meus colegas do conselho diretor sempre me incentivaram a escrever, assim como a dirigir o Centro de Estudos das Relações Judaico-Cristãs, e com prazer agradeço a todos eles — Dominic Fenton, Martin Forward, Bob Glatter, Peter Halban, David Leibowitz, Julius Lipner, Clemens Nathan e John Pickering.

Finalmente, agradeço o apoio da minha família, em particular da minha mulher Trisha e de nossas filhas, Shoshana, Asher e Eliana, que corretamente me relembram que as prioridades da minha vida judaica se iniciam em casa.

Dedico este livro à minha mãe, cujo amor e incentivo são ilimitados. Como incluí muitas histórias e ditados judeus neste *Em que acreditam os judeus?*, cito um, especialmente apropriado para minha mãe:

Como Deus não podia estar em todos os lugares, Ele criou as mães.

1

O que significa ser judeu atualmente?

Dois judeus estavam abandonados em uma ilha deserta e construíram três sinagogas. Algum tempo depois foram resgatados por um navio que passava por ali. No retorno para casa, o capitão lhes perguntou por que haviam construído três sinagogas. Eles explicaram que construíram a primeira sinagoga para que pudessem orar juntos a Deus; construíram a segunda para que, caso brigassem, pudessem orar em sinagogas separadas.

— Mas por que então construíram a terceira? — indagou o capitão.

— Ah — explicaram —, construímos a terceira sinagoga porque não iríamos entrar nela.

O judaísmo é cheio de opiniões diferentes. Não há, de fato, uma definição única de judaísmo que seja aceita por todos os judeus. Alguns defendem que o judaísmo é somente uma religião, outros que é uma cultura e outros ainda enfatizam o sentimento de nação e o vínculo à terra de Israel. E assim como há discordância sobre a definição de judaísmo, também raramente há um único ponto de vista judeu acordado sobre qualquer tópico. Como regra geral, se lhe disserem que todos os judeus creem em x ou y, ficará claro que o proponente deste ponto de vista está errado!

Contudo, é possível delinear um retrato do judaísmo que dá sentido à enorme variedade de pontos de vista mantidos pelos judeus. Pense em uma família numerosa, cheia de tensões e discordâncias, mas cujos membros também se amam e apoiam. O judaísmo proporciona às suas famílias diversas maneiras de viver e é adequadamente descrito como um modo de vida.

Este livro irá examinar este modo de vida judaico, as expectativas e as tensões que fazem parte da família judaica. Algumas vezes essas pressões resultaram em uma crise da família judaica e ocasionaram em violência, sendo um exemplo dramático o assassinato do primeiro-ministro israelense, Yitzhak Rabin, em 1995, por um judeu ortodoxo extremista de direita. As tensões inerentes ao judaísmo incluem:

- *Secular* x *Religioso*, ilustrada pelo comentário de Isaiah Berlin ao rabino Jonathan Sacks: "Por favor, perdoe-me, rabino, pois eu sou um herege decadente."
- *Ortodoxo* x *Progressista*, demonstrada pelas diferenças teológicas sobre até que ponto a *Torá* (os Cinco Livros de Moisés) foi uma revelação divina a Moisés.
- *Terra de Israel* x *Diáspora*, refletida por aqueles judeus que consideram Israel sua terra natal e por aqueles que escolhem habitar em outro país.

O modo mais claro e eficaz que encontrei para conceituar o judaísmo foi o seguinte:

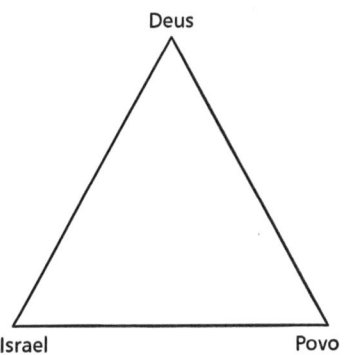

Ou, colocado de outro modo:

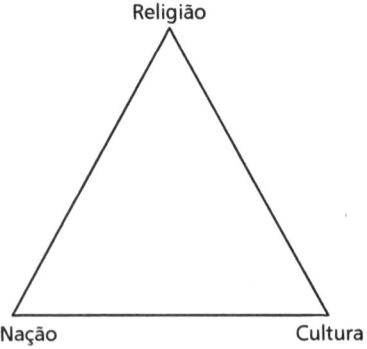

A maioria dos judeus pode ser localizada no meio do triângulo, pois possuem sensibilidades religiosas, uma íntima familiaridade com a cultura judaica e uma forte associação com a Terra de Israel. Outros se localizam mais distantes do centro. Em uma das pontas estão os judeus ultraortodoxos, que se opõem à criação de um Estado judaico (que, segundo eles, deveria ser criado por Deus ou pelo ungido de Deus, o Messias) e não veem lugar para a cultura (exceto para a religiosa) em suas vidas como judeus.

Outro grupo judaico localizado em uma extremidade do triângulo são aqueles israelitas seculares e desinteressados quanto à cultura judaica, mas que se identificam como judeus em termos de nacionalidade, devido à sua identificação com o Estado de Israel.

Um terceiro grupo pode ser definido como aqueles que entendem o judaísmo em termos de história, cultura, ética e experiências compartilhadas pelo povo judeu. Sua ligação com o judaísmo não se dá pela crença religiosa ou pela existência de um Estado judaicos, mas pela combinada civilização da abrangente família judaica estendida.

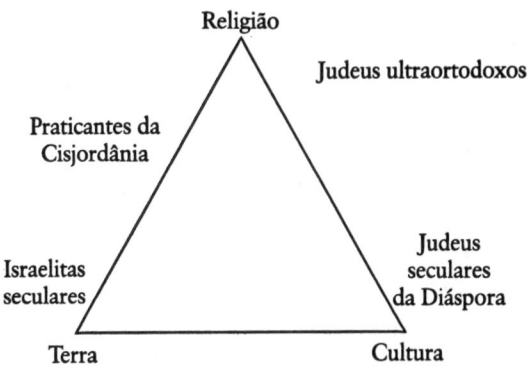

Portanto, o judaísmo consiste em uma religião, em uma cultura *e* em um povo. Eruditos discordam quanto à definição da identidade judaica, mas, em sua maioria, aceitam que o judaísmo é uma mistura desses elementos. Isso se ilustra pela história de um casal com problemas conjugais que visita seu rabino em busca de auxílio. O rabino pede para falar com cada um deles em particular. O marido entra no gabinete do rabino e explica suas dificuldades. O rabino escuta, solidário, e lhe diz: "Você está certo." O marido sai. Sua mulher entra no gabinete e explica os problemas de seu relacionamento. O rabino escuta atentamente, concordando, e, quando ela acaba, lhe diz: "Você está certa." Ao voltar para casa, o rabino conta à sua mulher o ocorrido. Ela se volta para ele e pergunta: "Como é que os dois podem estar certos?" O rabino pensa por um momento e então responde: "Você está certa."

É lógico que pode haver mais de uma resposta correta para uma questão, mas, no judaísmo, isso é lugar-comum. O *Talmude*, por exemplo, uma das mais importantes coleções de ensaios judaicos, oriundo do século V da presente era, às vezes conclui uma discussão com a palavra *teyku* ("o problema permanece"), pois os rabinos não conseguiram escolher uma entre as numerosas respostas a um problema e então decidiram que seria melhor aceitar a possibilidade de haver mais de uma resposta do que escolher a errada. *Teyku* é um acróstico. Representa *Tishbi yetaretz kushyot v'bayot* ("Elias resolverá todas as nossas dúvidas e questões.") A capacidade de permitir posições conflitantes é uma característica do judaísmo. Geralmente acredita-se que o oposto da verdade é a falsidade. Um judeu pode sugerir que o oposto de uma verdade seja outra verdade mais profunda.

Quando o físico judeu, Isadore Rabi, ganhou o Prêmio Nobel por sua pesquisa, perguntaram-lhe como ele havia se interessado pela ciência. Ele explicou que sua mãe o tornara cientista sem que ele soubesse. Todas as outras crianças chegavam em casa e suas mães perguntavam: "O que você aprendeu na escola hoje?" — "Minha mãe" — disse ele — "costumava dizer: 'Izzy, você fez alguma pergunta boa?'"

Então, comecemos com uma pergunta que tem uma resposta mais direta do que "O que significa ser judeu atualmente?". Vamos perguntar o significado da palavra judeu. Ela é oriunda do nome Judá, uma tribo da antiga Israel, que tinha como capital Jerusalém. Depois que as dez tribos de Israel foram exiladas pelos assírios em 721 a.e.c.* e se perderam para sempre, os judeus foram identificados como oriundos principalmente de uma região conhecida como Judeia. Atualmente os eruditos calculam que o povo judeu tenha entre 12 e 15 milhões de pessoas. Parte da razão para esta discrepância se deve, como já vimos, aos diversos modos de ser judeu. Afiliação a uma sinagoga, por exemplo, é um método precário

---

*Forma judaica para "antes da era comum".

para a realização deste cálculo. Seja qual for o número exato, o número total de judeus atualmente é muito pequeno em comparação com o de outras religiões (para cada cem cristãos, por exemplo, há somente um judeu).

Mesmo assim, para um povo reduzido cujas origens remontam a cerca de quatro mil anos — acredita-se que Abraão tenha vivido na Mesopotâmia por volta de 1800 a.e.c. — o judaísmo não apenas sobreviveu, como também prosperou. O que há no judaísmo que lhe permitiu sobreviver por tanto tempo? Como o judaísmo conseguiu fazer uma contribuição tão significativa à experiência religiosa da humanidade e ser uma grande influência para a criação e o desenvolvimento de pelo menos duas das religiões mundiais, o cristianismo e o islamismo? Espero que este livro consiga responder essa questão.

O fato de constituírem uma minoria afeta profundamente o modo com que os judeus levam suas vidas. Desde os tempos bíblicos até os dias de hoje, eles têm consciência de que representam apenas uma pequena porcentagem da humanidade. Na Mishná, um texto do século II, os rabinos questionam por que a Bíblia tem início com Adão e não com Abraão, que é considerado o pai do povo judeu. Eles sugerem que seria para ensinar que todos descendem da mesma pessoa. "Um único ser humano foi primeiramente criado pelo bem da paz entre os homens, de modo que nenhuma pessoa possa dizer a outra 'meu pai era melhor que o seu'." Ou seja, o propósito era enfatizar uma humanidade comum.

Ser criado à imagem de Deus é uma característica compartilhada por todas as pessoas, homens e mulheres, negros e brancos, altos e baixos, fracos e fortes. Na verdade, a Bíblia deixa claro que mesmo os inimigos de Israel, a Assíria e o Egito, devem ser vistos como possuidores, assim como Israel, de um relacionamento especial com Deus. Como disse o profeta Isaías: "Bendito seja o Egito, meu povo, e a Assíria, obra de minhas mãos, e Israel, minha herança." (Isaías 19:25) Refletiremos neste livro sobre o que se entende pela relação especial entre Israel e Deus, sendo o primeiro às vezes descrito como o "povo eleito".

Ser uma pequena minoria também significa que até em Israel, onde a maioria dos cidadãos é judaica, há um forte sentimento de se estar cercado por não judeus. O mundo não judeu amiúde causou muito sofrimento, culminando, por exemplo, com o assassinato de seis milhões de judeus na Segunda Guerra Mundial. A existência do antissemitismo e os horrores do Holocausto deixaram uma marca profunda no judaísmo (e no cristianismo), que permanece até os dias de hoje. Sendo assim, uma das consequências de ser uma pequena minoria foi a sensação de que o mundo exterior é uma ameaça.

Em sua raiz, o antissemitismo é alimentado pela rejeição a valores humanos e morais. Como Anne Frank, a menina judia escondida dos nazistas na Amsterdã ocupada, escreveu em seu diário: "Se aguentarmos todo este sofrimento e se ainda sobrarem judeus quando isso acabar, em vez de serem arruinados, os judeus serão tidos como um exemplo. Quem sabe, pode até ser a nossa religião, da qual o mundo e todos os povos aprendem o bem, a verdadeira razão para o nosso sofrimento."

Há, é claro, a possibilidade de que dar ênfase ao Holocausto nos leve a uma perda de perspectiva. O filósofo judeu Emil Fackenheim proclamou que o Holocausto resultou em um novo mandamento (o sexcentésimo décimo quarto, visto que tradicionalmente há 613 mandamentos bíblicos), que acentuava a incumbência dos judeus de sobreviver sendo judeus. Segundo Fackenheim, uma pessoa permanecia judia para não proporcionar a Hitler uma vitória póstuma. Entretanto, se a identidade judaica se tornar centrada no Holocausto, os judeus (e os não judeus) terão uma visão distorcida. Construir uma identidade judaica negativa e omitir o lado positivo do judaísmo não irá beneficiar as gerações futuras.

Uma consequência mais positiva de ser uma minoria tem sido um alto grau de sensibilidade às dificuldades alheias e especialmente um interesse pelos mais fracos. Um dos mandamentos da Torá é "ama teu próximo como a ti mesmo". Além disso, a Torá ordena os judeus, em 36 ocasiões diferentes, a "amar o estrangeiro" porque "vocês foram estrangeiros nas terras do Egito". A Bíblia e os últimos ensaios rabínicos descrevem Deus tomando cuidados especiais com os fracos. Em algumas ocasiões, como registrado no Livro dos Salmos, Davi apela a Deus que surja e disperse seus inimigos, embora não haja menção nos Salmos de que Deus tenha respondido. Mas os Salmos afirmam: "Pela opressão aos pobres e súplica dos carentes, eu surgirei, disse o Senhor." Isso nos traz à mente o comentário atribuído a Abraham Lincoln quando lhe perguntaram, na véspera de uma batalha, se Deus estava ao seu lado. Dizem que ele respondeu: "A questão é se nós estamos do lado de Deus."

Mesmo que você seja o ungido de Deus, mesmo o rei Davi, não pode supor que Deus esteja do seu lado. Quando é que Deus está do seu lado? Quando você está do lado Dele. E qual é o lado Dele? Acima de tudo, é o lado dos carentes e fracos; e a extensão com que todos os povos se voltam para isso é, segundo o modo de vida judaico, a extensão de sua devoção.

2

Quem é judeu atualmente?

Assim diz o Senhor dos Exércitos, o Deus de Israel, a todos os exilados, que eu deportei de Jerusalém para a Babilônia: edificai casas, e habitai nelas; plantai pomares e comei seus frutos; tomai esposas e gerai filhos e filhas; tomai esposas para vossos filhos e dai vossas filhas a maridos, para que tenham filhos e filhas; multiplicai-vos aí, e não vos diminuais. Procurai a paz da cidade para onde vos desterrei e orai por ela ao SENHOR; porque na sua paz vós tereis paz. (Jeremias 29:4-7)

PAÍSES COM A MAIOR POPULAÇÃO JUDAICA

Estados Unidos	5.950.000
Israel	5.100.000
Rússia	717.000
França	607.000
Argentina	395.000
Canadá	394.000

Reino Unido	302.000
Ucrânia	142.000
Alemanha	107.000
Brasil	95.000
Austrália	90.000
África do Sul	89.000
Bielo-Rússia	72.000
Hungria	60.000
México	53.000
Bélgica	52.000
Espanha	48.000
Holanda	33.000
Moldávia	31.000
Uruguai	31.000
Itália	30.000
Venezuela	25.000
Polônia	25.000
Chile	21.000
Irã	20.000

Fonte: *Relatório da Liberdade Religiosa Internacional (2004)*, do Departamento de Estado dos Estados Unidos.

CIDADES COM A MAIOR POPULAÇÃO JUDAICA NA DIÁSPORA

Nova York	1.750.000
Miami	535.000
Los Angeles	490.000
Paris	350.000
Filadélfia	254.000
Chicago	248.000

São Francisco	210.000
Boston	208.000
Moscou	200.000
Londres	200.000

Fonte: Congresso Judaico Mundial 2003.

CIDADES COM A MAIOR POPULAÇÃO JUDAICA EM ISRAEL

Jerusalém	690.000
Tel Aviv-Jaffa	365.000
Haifa	270.000
Rishon Le Tzion	215.000
Ashdod	192.000
Beersheva	183.000

Fonte: Bureau Central de Estatísticas de Israel 2003.

UMA EXPLICAÇÃO DAS ESTATÍSTICAS

Existem muitas estimativas acerca do número total de judeus no mundo. A maioria sugere uma soma entre 12 e 15 milhões, que cresce cerca de 0,3% ao ano (comparada à taxa de crescimento total da população mundial de 1,4% e 0,1% em países mais desenvolvidos). Os números fornecidos se baseiam na pesquisa do World Jewish Congress (WJC)*, segundo o qual 80% dos judeus habitam em dois países, os Estados Unidos e Israel, e 95% se concentram em dez países. Não há um único país da Diáspora onde os

---

*Congresso Judaico Mundial.

judeus chegam a 25 por 1.000 (2,5% da população total) e somente três países da Diáspora têm mais de 1% de judeus em sua população. Portanto, em termos relativos, os judeus estão tenuamente espalhados por quase todos os lugares da Diáspora.

Após o Holocausto e o fim da Segunda Guerra Mundial, a população judaica cresceu cerca de 1,1 milhão, seguida de crescimentos de 500 mil na década de 1960, 235 mil na década de 1970, 50 mil na década de 1980 e 340 mil na década de 1990. O crescimento da década de 1990 reflete casos de indivíduos que se tornaram adeptos do judaísmo, especialmente na Europa Oriental, assim como um curto "Efeito-Eco" do fenômeno "baby-boom" do pós-guerra.

No Estado de Israel, a maioria judaica chega a 772 por mil (77,2%), incluindo os 208.000 judeus, mas não a população árabe da Autoridade Nacional Palestina e outras áreas administradas. Os judeus representam 8,5% da população total na Cisjordânia. A população de Israel é de 6,78 milhões, dos quais 5.180.000 são judeus. Destes, 66% nasceram em Israel e 34% no exterior. Em 1948 esses números eram quase que exatamente o oposto. Jerusalém é a maior cidade, mas a maioria da população de Israel se localiza no centro do país, em torno de Tel Aviv. Beersheva é a maior cidade do sul e Haifa, a maior do norte.

Trinta por cento da população de Israel, ou 1,5 milhão de pessoas, nasceram em Israel, em uma família cujo pai também nasceu em Israel e 1,2 milhão de pessoas nasceram em Israel tendo seus pais nascido na antiga União Soviética. O Marrocos é o país de origem de cerca de 500 mil israelenses, e 245 mil são do Iraque.

Para entender o formato geográfico do mundo judaico é necessário primeiro avaliar as relações entre os judeus que vivem na Terra de Israel e os que vivem fora. Estes últimos são descritos como moradores da Diáspora, palavra grega que significa dispersão, ou do *Galut*, palavra hebraica para exílio.

Por conseguinte, há uma tensão entre a visão dos judeus que vivem fora de Israel na Diáspora (uma situação voluntária desejada pelo indivíduo) ou em Galut (uma situação indesejada). O Galut é compreendido como uma punição divina, ao passo que a existência na Diáspora indica um papel positivo do povo judeu entre as nações mundiais.

O êxodo dos judeus de sua terra original já se iniciara nos tempos bíblicos. A destruição do reino setentrional de Israel pela Assíria em 721 a.e.c. levou à dispersão das Dez Tribos de Israel. Algumas foram para o Egito; mas a primeira grande comunidade da Diáspora a florescer foi na Babilônia, logo antes da destruição do Primeiro Templo, em 586 a.e.c. Este foi o primeiro dos dois templos de Jerusalém a serem destruídos. O Segundo Templo foi destruído pelos romanos em 70 e.c. e levou à dispersão dos judeus por toda a Diáspora.

Render-se à autoridade política foi uma estratégia que contribuiu tanto para a sobrevivência quanto para o sucesso da vida judaica. Abandonando o desejo de soberania, os judeus conquistaram autonomia para regular suas vidas. Sob o lema *dina d'malkulta dina* ("a lei da terra é a lei") a comunidade judaica baseou sua existência na lei de uma sociedade anfitriã específica. A experiência babilônica foi o epítome desse fenômeno. Desde então uma Diáspora judaica de larga escala se desenvolveu nos países de língua grega e por todo o Império Romano. Na verdade, bem antes da destruição do Segundo Templo (70 e.c.), havia mais judeus vivendo em Diáspora do que em Israel. De um modo geral, portanto, os judeus escolheram viver fora de Israel. Ao mesmo tempo reafirmaram a ligação fazendo suas orações voltados para Jerusalém, pedindo a Deus pelo fim do exílio e por um retorno a Israel. Outras tradições, como o costume de quebrar um copo na cerimônia de casamento e o de deixar uma parede nua na casa, lembram os judeus da terra que ficou para trás.

O sistema funcionou. Por centenas de anos os judeus viveram confortavelmente em terras distantes enquanto também aguardavam pelo retorno à antiga terra natal. Como escreveu Jeremias: "Ele que dispersou Israel o reunirá e o manterá, assim como um pastor ao seu rebanho." (Jeremias 31:10). Onde foram oprimidos, os judeus prantearam sua terra mais ativamente e rezaram para que a era messiânica fosse iniciada por Deus, uma era que os levaria de volta a Israel. Isso é ilustrado pela seguinte história no Talmude:

> Aonde quer que Israel tenha se exilado, a Shechiná (a presença de Deus) o acompanhou no exílio. Eles se exilaram no Egito, a Shechiná foi com eles (...) Foram para a Babilônia em exílio e a Shechiná foi com eles (...) E quando eles finalmente forem redimidos, a Shechiná será redimida com eles. (Meguilá 28a)

O termo *Shechiná* representa o aspecto feminino de Deus e é entendido como "presença de Deus". A história indica que juntamente com a esperança da restauração divina existia a ideia mística de que Deus também estava exilado com Seu povo. Onde quer que os judeus vivessem, Deus estava com eles. Assim como os judeus sofreram no exílio, Deus sofreu com eles, demonstrando que cuidava particularmente dos fracos. E assim como os judeus precisavam ser redimidos, um aspecto de Deus também necessitava de redenção!

Essa crença ajudou os judeus a sobreviver, especialmente em períodos de opressão, e gerou esperanças messiânicas de redenção. A Terra Prometida tornou-se um símbolo de compensação por todos os males sofridos pelos judeus.

O sofrimento e a opressão judaica continuaram por muitos séculos, desde os massacres dos judeus nas Cruzadas, passando por sua expulsão de diversos países europeus durante os séculos XV e XVI, até os pogroms dos séculos XIX e XX.

No final do século XIX, os judeus assumiram seu próprio destino e pararam de esperar pela intervenção divina. Essa foi uma ruptura dramática da tradicional estratégia de sobrevivência na Diáspora, ilustrada pelo ditado rabínico: "Uma pessoa precisa dobrar-se todo o tempo, como o bambu, e não ficar rígida como o cedro." (Ta'anit 20a) Após centenas de anos de perseguição, principalmente em países cristãos, os judeus começaram a abandonar o ensinamento tradicional, o qual sugeria que se os judeus ao menos fossem fiéis, Deus finalmente os levaria e as suas famílias de volta a Jerusalém. Da década de 1880 em diante, os judeus começaram a migrar intensamente de volta à terra de Israel, que na época fazia parte do Império Otomano. O horror dos anos de 1933 a 1945 foi interpretado como uma demonstração final da inadequação da espera passiva. Afirmou-se que se o Estado de Israel tivesse passado a existir vinte anos antes (em 1928), poderia ter salvo os judeus europeus da destruição. Portanto, para muitos judeus, o Estado judaico ofereceu não apenas a possibilidade de realização religiosa e cultural, mas também a melhor esperança de sobrevivência.

Martin Buber, um filósofo judeu do início do século XX, explicou o histórico apego judaico à terra de Israel em uma carta a Mahatma Gandhi, escrita em resposta à crítica feita por Gandhi ao sionismo, o movimento judeu para restabelecer uma terra natal em Israel. Gandhi recomendara que os judeus permanecessem na Alemanha e buscassem *satyagraha* ("agarrar-se à verdade", a base de sua resistência pacífica ao domínio britânico) até mesmo com a morte. Buber rejeitou esse argumento, explicando a ligação entre o povo judeu e a terra da seguinte maneira:

> Dizeis, Mahatma Gandhi, que uma sanção é "buscada na Bíblia" para apoiar o apelo por uma terra natal, o que "não lhe atrai muito". Não, não é assim. Não abrimos a Bíblia para ali buscar sanções. O oposto é verdadeiro: as promessas de retorno, de restabelecimento, que nutriram o anseio esperançoso de centenas de gerações, dão às atuais um

estímulo elementar, reconhecido por poucos em seu significado total, mas efetivo também nas vidas de muitos que não creem na mensagem da Bíblia.
>N.N. Glatzer e P. Mendes-Flohr, *The Letters of Martin Buber*, Nova York, Schocken, 1991, pp. 479-480.

Antes do Holocausto nem todos os judeus apoiavam um Estado judaico. Na verdade, o sionismo levou a discussões vociferantes entre os judeus, seculares e religiosos, reformistas e ortodoxos. Alguns, por exemplo, rejeitavam o conceito de um Estado judaico, argumentando que Israel deveria ser uma criação divina e não feita pela mão do homem (visão ainda defendida por muitos na tradição ultraortodoxa); alguns judeus reformistas enfatizavam os valores e rejeitavam qualquer forma de nacionalismo judaico.

Mais adiante neste livro discutirei o significado do Estado de Israel para os judeus, mas é importante salientar agora que, embora os primeiros sionistas se considerassem superiores aos judeus no Galut, no último quarto de século as atitudes mudaram, especialmente à medida que os judeus do Ocidente começaram a recuperar a autoconfiança após o Holocausto. Os judeus da Diáspora desenvolveram um forte senso de integração e de se sentir em casa: para muitos, a Terra Prometida é onde estão, e não a Terra de Israel. Eles se consideram fortemente como parte da Diáspora e não do Galut.

Além disso, apoiam Israel, seja financeira, social (visitando o país) ou politicamente (fazendo *lobby* a favor de Israel). Portanto, a relação entre Israel e a Diáspora parece mais equilibrada atualmente. Assim como havia dois centros judeus coexistindo lado a lado na Babilônia e em Israel no período talmúdico (do século III ao V ou VI e.c.), da mesma forma existe uma vida judaica próspera tanto em Israel quanto na Diáspora, especialmente nos Estados Unidos. Há indícios de que, talvez pela primeira vez na história judaica, esteja se desenvolvendo um diálogo verdadeiro entre os israelenses e os judeus da Diáspora, o que certamente é muito necessário.

3

Como chegamos até aqui?

Quatro momentos da história judaica

De Abraão a Moisés
O período rabínico
Antissemitismo e o Holocausto
Sionismo e a criação do Estado de Israel

De Abraão a Moisés

Abraão tentou convencer seu pai, Terá, da insensatez de adorar ídolos. Certo dia, ficando a sós, Abraão pegou um martelo e destruiu todos os ídolos da casa do pai, exceto o maior deles. Na mão deste ele colocou o martelo. Quando seu pai retornou e perguntou o que acontecera, Abraão disse: "Os ídolos começaram a brigar uns com os outros e o maior destruiu todos." O pai disse: "Não seja ridículo. Esses ídolos não têm vida nem poder. Não conseguem fazer coisa alguma." Abraão retrucou: "Então por que o senhor os adora?" (Midrash Gênesis Rabbah)

O judaísmo se inicia com Abraão, inicialmente chamado Abrão, nascido em Ur, Babilônia, que se deu conta que o universo é obra de um único Criador. A Bíblia conta como Deus ordenou que Abrão abandonasse a casa e a família e como Deus o abençoou e disse que de seus filhos faria uma grande nação. Assim Deus estabeleceu um brit (aliança) com Abrão e, por extensão, com o povo judeu. A aliança é um fio que corre pela história judaica, envolvendo direitos e deveres de ambos os lados: assim como temos certas obrigações para com Deus, creem os judeus, Deus tem certas obrigações para conosco.

Abrão estava preocupado por não ter filhos, então sua mulher, Sarai, lhe ofereceu a criada, Hagar, como concubina. Hagar deu a Abrão um filho, Ismael, que, segundo a tradição muçulmana e judaica, é o ancestral dos árabes. Quando Abrão completou 100 anos e Sarai 90, Deus novamente lhe prometeu um filho, e Abrão assumiu um novo nome, Abraão ("pai de muitos"), enquanto Sarai tornou-se Sara ("princesa"). Isaac nasceu e a promessa feita a Abraão por Deus começou a se realizar.

Isaac é mais conhecido por seu papel em uma das histórias mais terríveis da Bíblia — o Sacrifício de Isaac, em que Deus pede a Abraão que sacrifique o próprio filho (Gênesis 22). Esse conto é descrito de modo similar no islamismo, exceto que ali é Ismael o filho que Abraão se dispõe a sacrificar. O tema da história trata da relação de Abraão com Deus e de como ele demonstrou sua fé e comprometimento ao se dispor a sacrificar o filho tão esperado por ordem de Deus.

Como literatura, essa narrativa bíblica parece ter de tudo. Possui ação, tensão e drama suficientes para uma peça de cinco atos e, contudo, se resume a meros dezoito versículos. É cheia de energia e dinamismo. Provoca tanto horror quanto pena. Trata do maior dos temas e toca as mais profundas emoções. E parece ter um final feliz.

Falta apenas um ingrediente — uma mensagem de aparência imediata, moralmente aceita e relevante. Como Abraão conseguiu conciliar a estranha exigência de Deus de sacrificar o próprio filho com a promessa divina de que ele seria o ancestral de um povo que se espalharia pelo mundo? Woody Allen escreve:

... mas no último minuto o Senhor deteve a mão de Abraão e disse:
— Como poderias fazer tal coisa?
E Abraão disse:
— Mas vós dissestes...
— Não importa o que Eu disse — falou o Senhor.
— Então tu dás ouvido a qualquer ideia maluca que cruza teu caminho?
E Abraão se encheu de vergonha.
— Hãã... na verdade não.
— Eu de brincadeira sugiro que sacrifiques Isaac e tu imediatamente corres a fazê-lo.
E Abraão caiu de joelhos.
— Estais vendo, nunca sei quando o Senhor está brincando.
E o Senhor bradou:
— Nenhum senso de humor. Não consigo acreditar.
— Mas isto não prova o amor que Vos tenho, a ponto de Vos dar meu único filho?
E o Senhor disse:
— Prova que alguns seguirão qualquer ordem, não importa o quanto seja estúpida, contanto que venha de uma voz ressonante e bem modulada.

Ao longo dos anos os comentaristas judeus vêm tentando dar um sentido a essa história, propondo uma variedade de interpretações que vão da visão tradicional de que Abraão ofereceu uma reação modelo à ordem divina, até a visão pós-moderna de que ele não passou no teste, pois o desejo de Deus era que sua ordem fosse rejeitada. Em meu ponto de vista deveríamos simplesmente concluir, teyku, ou seja, "o problema permanece", e permitir interpretações conflitantes dessa terrível história.

Isaac se casou com Rebeca e ela engravidou de gêmeos. Deus lhe disse que seus dois filhos se tornariam duas nações e o mais velho serviria o mais novo. Ela passou por uma difícil gestação. Os dois irmãos, Esaú e Jacó, já brigavam antes mesmo de nascer. Isaac tinha Esaú como favorito porque ele era um bom caçador, mas Rebeca preferia o mais espiritualizado, Jacó. Rebeca se aproveitou da velhice e da cegueira de Isaac e por meio de um ardil fez com que ele desse a Jacó uma bênção prometida a Esaú.

Fugindo da fúria do irmão, Jacó foi morar com o tio, onde encontrou uma mulher, Raquel. Jacó foi enganado e acabou se casando com a irmã mais velha de Raquel, Léa; mas após nova negociação se casou com Raquel também, levando as criadas de Léa e Raquel, respectivamente Zilpá e Bilá, para sua convivência. Com essas quatro mulheres, Jacó gerou doze filhos (os ancestrais das tribos de Israel) e uma filha (Diná).

Depois de muitos anos Jacó procurou reconciliar-se com Esaú. Na véspera da data marcada para o encontro, ele lutou até o raiar do dia com um homem misterioso, que acabou revelando ser um anjo e abençoou Jacó, dando-lhe o nome de Israel, que significa "aquele que lutou com Deus". O termo "Filhos de Israel" significa descendentes de Jacó e se aplica a todos os judeus. No dia seguinte, "Esaú correu-lhe ao encontro e o abraçou; agarrou-lhe o pescoço e o beijou; e choraram". (Gênesis 33:4)

Juntamente com os patriarcas, Abraão, Isaac e Jacó, e das matriarcas, Sara, Rebeca, Raquel e Léa, é a figura do profeta Moisés que domina a Torá. Moisés liderou os israelitas em sua fuga da escravidão do Egito, guiando-os por quarenta anos pelo deserto. Durante esse tempo, ele desceu o Monte Sinai com as tábuas dos Dez Mandamentos de Deus e preparou a entrada dos Filhos de Israel na terra de Canaã, antes de morrer, aos 120 anos, sem nunca ter entrado na Terra Prometida.

Moisés nasceu numa época em que o faraó do Egito decretara que todos os bebês hebreus do sexo masculino deveriam ser afogados ao nascer. Miriam, a irmã mais velha de Moisés, que também era profeta, assegurou a sobrevivência do irmão colocando-o em uma cesta que deixou flutuando no rio. Quando a filha do faraó, que caminhava pelas redondezas, escutou o choro do bebê, ela o resgatou e o adotou. Não foi coincidência que o libertador dos israelitas tenha sido criado como um príncipe egípcio.

Quando jovem, ultrajado diante da visão de um supervisor egípcio espancando um escravo israelita, Moisés matou o homem e fugiu para a terra de Midiã, onde se casou com Zípora, uma das filhas do sacerdote midianita, tornando-se pastor dos rebanhos do sogro. Certo dia, enquanto cuidava das ovelhas, Moisés viu um arbusto que ardia em fogo, mas sem se consumir, e ouviu a voz de Deus, que lhe ordenou que retornasse ao Egito com seu irmão Arão e fizesse uma exigência simples, embora revolucionária, ao faraó: "Deixe meu povo ir."

Assim como levou os Filhos de Israel da escravidão à liberdade (veja o poema a seguir), Moisés também recebeu uma revelação divina no Monte Sinai. Dali em diante ele imprimiu sua visão monoteísta no judaísmo com tal força que, nos três milênios seguintes, os judeus nunca confundiram o mensageiro com o autor da mensagem.

A história do êxodo do Egito é recontada na refeição de Pessach. Na minha família, incluímos uma narrativa poética, como a seguinte, escrita por Martin Singer, da Sinagoga Exeter.

EDWARD KESSLER

De Abraão a Moisés em versos*

Iniciou-se com Abraão, que virou notícia
Tornando-se o primeiro dos judeus.
Tinha ele uma mulher, Sara, além de uma "amiga"
Que lhe deu um filho, Ismael.

Sara estava bem velha e atordoada
Mas para surpresa de todos teve um filho, Izzy
(Seu nome era Isaac, mas Izzy serve)
Que se tornou o judeu seguinte.

Izzy conheceu Rebeca e perdeu a cabeça,
Pedindo então sua mão e eles se casaram,
Tiveram dois filhos pelo amor a Deus
E chamaram um de Esaú e o outro de Jacó.

Izzy esperava que Esaú fosse uma sensação
E que fundasse a Nação Judaica.
Mas confuso ele não soube quem escolher
Então Jacó se tornou o judeu seguinte.

---

*Trata-se de "A Passowr Poem". O poema é todo em rimas no original. Para os interessados, ver http://www.members.fortunecity.com/exertershul/newsletter/poempassowr.html

EM QUE ACREDITAM OS JUDEUS?

Jacó trabalhou por sete anos só para se casar,
Achando que teria Raquel, mas em vez dela veio Léa.
Por Raquel trabalhou sete anos mais
(nunca confie nos patrões, isso é certo).

Aos filhos mais novos, Jacó amava mais que aos outros,
Benjamin e José, que era uma verdadeira peste.
Interpretando sonhos ele disse aos outros que
Muito em breve seria como a realeza.

Os irmãos de José não aguentavam mais,
Com certeza o queriam distante,
Então, ao verem uns mercadores, acenaram
E venderam o pobre José como escravo.

Mas José era esperto demais para isso
E no Egito se tornou diplomata.
Convenceu agricultores a armazenar sua comida
Sabendo que o bom clima mudaria de humor.

Quando a fome chegou não houve danos,
Todos haviam se preparado por anos.
Mas os irmãos estavam famintos e emagreciam,
Sem grão no celeiro, na mesa do pão careciam.

Então foram ver seu irmão José,
Para obter comida e saborear um bolo.
Disseram: "Ajude-nos, pois nosso prato está vazio";
José os convidou para viver na terra da fartura.

Em Israel as colheitas murcharam e morreram,
Mas vivendo no Egito o povo judeu se multiplicou.
Anos mais tarde chegou um novo faraó,
Que da família de Jacó nada sabia.

Ele disse: "Quem são esses terríveis judeus?
Comem nossa comida e usam nossos lavabos.
Isto está errado, faça-os trabalhar por menos,
E que me construam um palácio em Ramases."

Uma esposa judia deu à luz um menino
E decidida a salvar sua vida
Fez uma cesta que flutuasse
E nela pôs Moisés no rio.

Moisés cresceu para cuidar das ovelhas
Trabalho pacífico que apreciava.
Gostava de sua vida sem pressa
Até que um dia viu um arbusto em chamas.

EM QUE ACREDITAM OS JUDEUS?

Embora pegando fogo,
As chamas não pareciam aumentar.
Tendo o arbusto sobrevivido às labaredas,
Moisés sentiu que isso era um sinal.

Ele precisava ir e salvar seus irmãos judeus
Não havia tempo a perder!
Ele devia ir e depressa,
Seus compatriotas estavam de fato infelizes.

O irmão de Moisés conhecia alguns truques
Que podia utilizar com o faraó,
Mas quando Moisés disse: "Deixe meu povo ir",
O faraó apenas sorriu e negou.

Moisés ameaçou: "Faremos os rios virar sangue."
O faraó não acreditou que ele pudesse.
Mas no dia em que a água ficou vermelha,
O faraó mudou de ideia.

Moisés disse: "Enviei nove pragas,
Vocês não mudaram nem um pouco.
Agora sua última chance veio e se foi,
Hoje à noite morrerá seu único filho."

Moisés foi ao faraó, que secou as lágrimas
E disse: "Não espere seu pão crescer,
Não faça o desjejum nem se banhe,
Pegue seu povo e parta dentro de uma hora."

Eles pegaram tudo o que podiam e saíram livres,
Correndo foram até o mar Vermelho.
Mas o faraó fez seu exercito segui-los
Pois mais uma vez mudara de ideia.

Eles foram até o mar e o atravessaram
O exército do faraó a persegui-los.
Mas o mar não ficou aberto e os soldados se afogaram
Os judeus caminharam livres, mas depois descobriram.

Enquanto Moisés os levava de volta à Terra Prometida
Através do mar e da areia árida,
Que deveriam caminhar por mais quarenta anos
E assim como antes, como escravos eram comandados!

O período rabínico

Certa vez havia um gentio que foi ao rabino Shamai
e disse: "Converta-me, sob a condição de me ensinar
toda a Torá enquanto eu fico num pé só." Shamai o
rejeitou. O homem então foi ao rabino Hilel, que o

converteu, dizendo: "Não faça aos outros aquilo que não deseja que façam a ti; a Torá é isso. O resto são comentários; vá e aprenda-a." (Talmude, Shabat 31)

O primeiro grande desafio encarado pelos judeus no período pós-bíblico foi a destruição do Segundo Templo pelos romanos em 70 e.c. O Templo de Jerusalém fora o centro da vida religiosa judaica. Sua demolição, seguida 65 anos depois pela expulsão dos judeus da cidade, foi uma séria ameaça à sobrevivência do judaísmo. De fato, apenas dois grupos judeus sobreviveram à sua destruição: os judeus rabínicos e os judeus seguidores de Jesus.

O início do suposto "período rabínico" na história judaica não está claro. Talvez tenha se iniciado ainda no século V a.e.c., com o retorno de Neemias e Esdras a Jerusalém ou mais tarde, no século II a.e.c. durante a dinastia chashmonaita. Nossa certeza é que o estilo de vida rabínico representou um novo estágio no desenvolvimento do judaísmo e possibilitou a sobrevivência dos judeus sem uma pátria e sem um templo. Foi a habilidade de reagir à nova situação que permitiu aos rabinos acabarem dominando a vida judaica pelos próximos 1.800 anos.

Havia diversos grupos de judeus no século I: fariseus, saduceus, essênios, helenistas, zelotes e os seguidores de Jesus. Contrastando com os zelotes, que se concentravam na remoção dos estrangeiros (fossem eles romanos ou gregos) do solo judaico, os fariseus (que mais tarde passaram a ser conhecidos como rabinos) enfatizavam o estudo da Torá e sua aplicação na *Halachá* (lei judaica). Eles desenvolveram uma Torá oral, que consistia em comentários e explicações sobre a Torá escrita, o Pentateuco. Essa expressão oral foi codificada e escrita muitos séculos depois, no Talmude. Os fariseus também defendiam a crença na vida após a morte, descreviam um Messias, cuja chegada anunciaria uma era de paz mundial, e enfatizavam a importância da oração individual e comunitária.

Os saduceus representavam a aristocracia centrada no Templo, que desejava manter a casta sacerdotal, mas também estavam dispostos, assim como os helenistas, a incorporar a cultura grega às suas vidas, ao que os fariseus se opunham. Os saduceus rejeitavam a ideia da Torá oral e insistiam numa interpretação mais literal da Torá escrita. Consequentemente, não acreditavam na vida após a morte, cuja menção não se encontra na Torá. O mais importante para eles era o ritual do Templo. Portanto, não é de espantar que tenham sumido após sua destruição.

Um terceiro grupo, os essênios, consistia de ordens monásticas que habitavam no deserto e acreditavam que o Templo foi corrompido por outros grupos judaicos. Eram ascetas que seguiam leis bastante rígidas em relação à alimentação e mantinham vida celibatária. Um grupo de essênios vivia perto do Mar Morto, onde, em 1947, um pastor beduíno descobriu uns pergaminhos que se tornaram famosos como os Manuscritos do Mar Morto. Descreviam suas crenças, assim como os acontecimentos da época. Ele descobriu também as primeiras cópias conhecidas da Bíblia.

Os judeus seguidores de Jesus foram a outra seita judaica a sobreviver à destruição do Templo. Não há dúvida de que Jesus era judeu (embora um de meus alunos tenha sugerido que sua mãe era católica), seguia os costumes judaicos, como as regras dietéticas, orava no Templo e era chamado de rabino. Os cristãos rivalizavam com os rabinos na busca por adeptos aos seus ensinamentos. A data da cisão entre judaísmo e cristianismo tem sido objeto de muito debate. Alguns sugerem que foi ainda na época de Paulo de Tarso (c. 60 e.c.), outros, bem mais tarde, na época de Constantino (c. 300 e.c.), ou ainda mais tarde. Um estudioso, James Dunn, descreveu a separação com sensatez, em termos de uma *série* de "mudanças de direção".

Os rabinos substituíram a peregrinação ao Templo por oração, estudo das escrituras e obras de caridade, eliminando assim a necessidade de um santuário em Jerusalém e transformando o judaísmo em uma religião capaz de proporcionar preenchimento em qualquer lugar. O judaísmo contemporâneo deriva, essencialmente, do movimento rabínico dos primeiros séculos. Em consequência do empenho deles, os judeus são com frequência chamados de "o povo do Livro", embora uma descrição mais exata seria "povo dos livros", pois há muitos livros sagrados. O estudo constante é uma das principais obrigações dos judeus religiosos. A bem da verdade, os judeus seculares também reconhecem que a tradição literária judaica ocupa lugar central em sua vida prática.

Os livros judaicos começam com a Bíblia, continuam pela literatura legal e homilíaca a ela associada, estendendo-se a códigos medievais, obras filosóficas e literatura mística. Além disso, cada área desse vasto corpo literário é complementada por anotações e comentários detalhados. Assim, a ênfase rabínica no estudo resultou em um número enorme de obras, de modo que, se lermos a Bíblia ou o Talmude, nós os estaremos lendo juntamente com interpretações de gerações de rabinos.

O hebraico é a língua de quase todas as escrituras hebraicas. Quase no fim do período bíblico, os judeus da Terra de Israel falavam aramaico, mas rezavam em hebraico, que permanecera somente como língua de orações e estudo para todos os judeus até ter sido ressuscitada recentemente como a língua falada em Israel.

O fundamento de todos os escritos judaicos é a Torá, que em seu sentido mais estrito se refere apenas ao Pentateuco, ou os Cinco Livros de Moisés. Os judeus tradicionais veem a Torá como a palavra literal de Deus, sendo objeto de estudo contínuo e interpretação. Eles têm o dever de "vasculhar a Torá repetidamente, vendo tudo o que há nela. Contemple-a, envelheça e crie cabelos brancos sobre ela". (Ética dos Pais 5:22) Esse estudo ocorre numa *yeshiva*, escola judaica de aprendizado.

Os rabinos, que eram mestres e eruditos respeitados, sentiram ser seu dever a exploração e explicação da verdade divina, assim como viver de acordo com o desejo divino. Essa exploração é exemplificada por um tipo de literatura judaica denominada *midrash* (que significa "busca" ou "investigação"), na qual os rabinos expõem o texto, palavra por palavra, extraindo preceitos éticos ou expectativas messiânicas das histórias bíblicas.

Atualmente, o midrash tem a nuance de "exposição". Sugere a tentativa dos rabinos de preencher as lacunas de significado e de elucidar a escritura, onde seu significado parece ambíguo. O propósito de sua interpretação é revelar o que sempre esteve lá, mas que não fora percebido ou descoberto anteriormente. No midrash não há interpretações incorretas. Contudo, em algumas questões, é possível detectar um impulso geral, suficiente para que se chegue a certas conclusões como princípios abrangentes, garantindo sempre que uma afirmação confiável seja mesclada com um grau saudável de ceticismo.

Paralelamente ao desenvolvimento do midrash, grandes academias de ensino criaram outro tipo de literatura também ligada ao desejo de descobrir a vontade de Deus — o Talmude (cujo significado literal é "aprender" ou "estudar") consiste principalmente em debates e discussões sobre as leis de Deus, conforme expressas na Torá. Qualquer tentativa de viver segundo os preceitos bíblicos enfrenta dificuldades causadas por lacunas na narrativa bíblica ou incerteza sobre o significado de certos termos. Por exemplo, a Bíblia declara que "nenhum modo de trabalho" deve ser feito no Shabat — mas qual é o significado exato de trabalho? O Talmude tenta responder a essa e a outras questões semelhantes.

Dois entre os mais famosos rabinos são Hilel e Shamai, que viveram durante o reinado de Herodes (37-4 a.e.c.), um período opressivo da história judaica devido à ocupação romana na Palestina. Shamai temia que se os judeus tivessem muito contato com os romanos, o judaísmo poderia enfraquecer-se, e essa atitude se refletia em sua interpretação estrita da lei judaica. Hilel não compartilhava os temores de Shamai e tinha pontos de vista mais liberais, sendo mais tolerante, por exemplo, em sua aceitação de convertidos ao judaísmo. É interessante notar que o judaísmo nunca demonstrou tendências missionárias, ao contrário do cristianismo e do islamismo. Isso deve ter sido resultado de seu status de minoria em países cristãos e muçulmanos, mas pode também ser resultado de sua ênfase preferencial à ação correta em vez de à crença correta.

Eram comuns os conflitos entre os discípulos de Hilel e Shamai. O Talmude registra mais de trezentas diferenças de opinião entre eles, tendo algumas delas até acabado em disputas. A discordância frequente é ilustrada pela seguinte história, mais moderna.

> Uma yeshivá londrina decidiu inscrever uma equipe de remadores numa regata. Infelizmente, eles perderam uma competição após outra. Praticaram por horas, todos os dias, mas nunca conseguiram sair da último lugar. O diretor da escola acabou decidindo enviar um deles para espiar a equipe da

Universidade de Cambridge. O espião foi então até Cambridge e se escondeu nas moitas de bambu à beira do rio Cam, de onde observou atentamente a equipe de Cambridge enquanto treinavam. Retornando à yeshiva, ele disse: "Descobri o segredo. Eles têm oito homens remando e só um gritando."

Antissemitismo e o Holocausto

Na década de 1930, um judeu está num ônibus em Londres lendo *The Jewish Chronicle* (A Crônica Judaica). De repente, chocado, ele vê um amigo lendo um jornal nazista. Lança-lhe um olhar feroz e pergunta: "Como é que você pode ler essa imundice nazista?" Sem se intimidar, o amigo olha para ele: "E você, o que está lendo, *The Jewish Chronicle*? E o que lê aí? Na Inglaterra há uma depressão econômica e os judeus estão sendo assimilados. Na Palestina, os árabes estão fazendo tumulto e os judeus estão sendo mortos. Na Alemanha retiraram todos os nossos direitos legais. Você fica aí sentado lendo tudo isso e cada vez mais deprimido. Eu leio o jornal nazista. Somos donos de todos os bancos e controlamos todos os governos."

Desde a escravidão no Egito, passando pelos campos de concentração e o Holocausto, não houve uma época em que os judeus não tivessem que pensar profundamente na questão do sofrimento, pois era com isso que lidavam em suas vidas. Cada geração de judeus tem uma história para contar sobre o confronto, como o antijudaísmo, e, nos séculos mais recentes, antissemitismo. O antijudaísmo refere-se à difamação teológica do judaísmo pré-iluminista. O antissemitismo se refere ao ódio aos judeus a partir do iluminismo, enraizado em teorias de "racismo científico" e desconfiança cultural. Formas recentes de antissemitismo surgiram sob o aspecto de extremo antissionismo e neonazismo, além das formas radicais de islamismo.

Alguns eruditos opinam que a polêmica antijudaica remonta ao Novo Testamento, mas outros sugerem que as brigas lá descritas são mais um reflexo das profundas disputas internas *dentro* do judaísmo. Sejam quais forem as origens, o antijudaísmo ficou incorporado à teologia cristã predominante desde cedo. Os patriarcas da Igreja, por exemplo, pregavam que os judeus haviam sido substituídos pelos cristãos como o povo de Deus. Tais ensinamentos plantaram as sementes das atitudes antijudaicas que vieram a dominar o pensamento cristão a partir do século IV até o século XX: o sofrimento judaico foi uma punição divina pela morte de Jesus e pela rejeição ao cristianismo.

A posição dos judeus sob o islamismo foi bem diferente. Apesar do status subordinado na sociedade muçulmana, os judeus tinham garantia de segurança, liberdade de culto e uma grande medida de autogovernabilidade. Por essas razões, o judaísmo prosperou mais sob a autoridade muçulmana do que sob a cristã.

Na cristandade, mais especificamente durante o período medieval, os judeus eram vistos como figuras satânicas, e os cristãos se sentiam à vontade para atacá-los como se tivessem um selo divino de aprovação. Houve momentos de tolerância em meio a muitos séculos obscuros, como o da Idade de Ouro na Espanha medieval, por volta de 1000 e.c., quando prevaleceu uma convivência relativamente pacífica entre judeus, cristãos e muçulmanos, e os judeus desenvolveram uma cultura próspera na ciência e na literatura, mas essa foi uma exceção.

A norma era um intenso antijudaísmo na Europa. As Cruzadas, por exemplo, em seu caminho para libertar a Terra Santa dos muçulmanos, atacaram as comunidades judaicas da rota, em áreas como a Renânia alemã. Espalharam-se rumores sobre rituais de assassinatos judaicos, chegando à acusação difamatória de práticas de sacrifícios de sangue em que, a cada Semana Santa, os judeus matavam um cristão, geralmente criança, como um sacrifício de Pessach. Ao final do século XIII, o assassinato em massa de judeus se tornara ocorrência comum na Alemanha e na França. Na Inglaterra, judeus foram assassinados enquanto tentavam presentear o rei Ricardo I durante sua coroação, e 150 judeus foram massacrados em York em 1190. Um século mais tarde foram todos expulsos da Inglaterra e pouco tempo depois da França. No século XV, os judeus foram perseguidos durante a Inquisição Espanhola e em 1492, expulsos da Espanha. Na década de 1520, na Alemanha, Martinho Lutero inicialmente expressou simpatia pelo sofrimento judaico, mas uma vez tendo percebido que não iriam se converter ao seu ramo do cristianismo, pregou perversamente contra eles até o fim da vida.

O antijudaísmo clássico começou a declinar no final do século XIX e seu término formal foi simbolizado pelo Concílio Vaticano II (1962-1965), cujo conteúdo declara que os judeus deveriam ser encarados, depois de Cristo, como ainda em aliança com Deus, que não poderiam ser considerados coletivamente responsáveis pela morte de Cristo e que Jesus e a Igreja, em seus primórdios, foram profundamente influenciados pelos ensinamentos judaicos. O antijudaísmo ainda existe hoje, notadamente na Igreja Ortodoxa, que inclui a descrição dos judeus como "deicidas" na Liturgia Oriental, mas é raro na Igreja Católica Romana e nas igrejas protestantes.

A chegada à era moderna e uma certa liberação social realmente resultaram em liberdade política para indivíduos judeus em alguns países, mas não para o povo judeu como comunidade. Isso também levou ao renascimento do antissemitismo. Na Rússia, a situação foi especialmente difícil e as comunidades judaicas enfrentaram pogroms e ataques frequentes.

O CASO DREYFUS

O Caso Dreyfus, 1894, ilustrou o ambiente antissemita da Europa do final do século XIX. Um capitão do exército, o franco-judeu Alfred Dreyfus, foi julgado por traição, considerado culpado por uma corte marcial formada por oficiais antissemitas, com base em documentos forjados, e então enviado para a prisão perpétua na Ilha do Diabo, na costa da Guiana Francesa. O Caso Dreyfus provocou intranquilidade civil na França e, em 1898, foi matéria de capa e de uma carta do romancista Émile Zola para o presidente francês, intitulada "J'accuse...!" Para a direita francesa, nacionalista e religiosa, o judeu Dreyfus simbolizava todas as pressões liberais, estrangeiras e descristianizantes na tradicional ordem cristã do país. A publicação de "J'accuse...!" foi seguida de tumultos antissemitas na França. Houve ataques a sinagogas e Zola teve que fugir para a Inglaterra. Dreyfus foi submetido a um segundo julgamento em 1899. Os juízes militares novamente o consideraram culpado mas, "com circunstâncias atenuantes", o sentenciaram a dez anos de prisão. Alguns meses depois lhe foi conferido o perdão. Cerca de cem anos mais tarde, em 1995, o exército francês declarou Dreyfus oficialmente inocente.

A Igreja via os judeus como uma ameaça à cultura cristã europeia e propôs um "ensinamento de desprezo". Foi isso que semeou o ódio e facilitou o uso do antissemitismo como uma arma política para Hitler. Com algumas nobres exceções, a Igreja ficou silenciosa durante os horrores de 1933-1945. Embora ninguém negasse que o nazismo se opunha ao cristianismo, Hitler justificava o antissemitismo aludindo às atitudes cristãs em relação ao judaísmo e encontrou muitos suportes úteis para o nazismo na pregação cristã. Durante esse período, seis milhões de judeus pereceram juntamente a cinco milhões de não judeus (incluindo ciganos, sérvios, membros da *intelligentsia* polonesa, membros da resistência de todas as nações, oponentes alemães ao nazismo, homossexuais, testemunhas de Jeová, criminosos comuns e os considerados antissociais, como mendigos, vadios e mascates). O Holocausto foi um ato cuidadosamente planejado de assassinato em massa.

Principais campos de concentração e extermínio

CAMPOS NAZISTAS

Fonte: www.jewishvirtuallibrary.org/jsource/Holocaust ccmap1.html

NÚMEROS DE JUDEUS ASSASSINADOS NO HOLOCAUSTO POR PAÍS

Áustria — 50.000 — 27% (da população judaica)
Lituânia — 143.000 — 85,1%
Holanda — 100.000 — 71,4%
Polônia — 3.000.000 — 90,9%
Romênia — 287.000 — 47,1%
Alemanha — 141.500 — 25%
Grécia — 67.000 — 86,6%
França — 75.000 — 25%
União Soviética — 1.100.000 — 36,4%
Hungria — 569.000 — 69%
Iugoslávia — 63.300 — 81,2%

(*Fonte*: Enciclopédia do Holocausto:
http://motlc.wiesenthal.com/resources/questions/ 5

No fim da guerra, um terço da população judaica mundial fora assassinada no Holocausto.

Alguns judeus não gostam de usar o termo Holocausto porque sua etimologia possui implicações sacrificáveis, com o significado de "oferenda queimada" para apaziguar Deus. A palavra *Shoah* é usada com mais frequência, tendo conotações de destruição, ruptura e dúvida.

A Shoah esmagou todo o otimismo liberal do início do século XX. (Estimulou também algumas piadas amargas, como o comentário de que quando

Hitler subiu ao poder havia dois tipos de judeus na Alemanha: os pessimistas e os otimistas. Os pessimistas fugiram para o exílio e os otimistas foram para as câmaras de gás.)

Não apenas as igrejas, mas as instituições acadêmicas da Europa, o Judiciário, a indústria, o comércio, os sindicatos, os professores, a profissão médica e os jornalistas, todos traíram os valores da civilização em seu fracasso na oposição aos nazistas. Para mim, o Holocausto sintetiza a inadequação dos valores humanos seculares. Todavia, tenho consciência de que o Holocausto também demonstra o fracasso da religião. É um profundo desafio para todas as pessoas religiosas e não há respostas fáceis que possam explicar o terror da Shoah.

O rabino Hugo Gryn certa vez comentou que a verdadeira pergunta não era: "Onde estava Deus em Auschwitz?", mas sim: "Onde estava o homem?" Isso parece verdadeiro para muitos. Para mim, a Shoah levou a um contínuo movimento entre dúvida e fé, que continua a me deixar tenso.

Sionismo e a criação do Estado de Israel

Há muitos anos três amigos judeus se encontram diariamente num café em Tel Aviv. Com o passar do tempo eles ficaram cada vez mais pessimistas sobre a situação de Israel, percebendo o aumento do terrorismo, o mau desempenho econômico e a redução do número de turistas. Certo dia, um deles anuncia que se converteu. "O quê?", os outros dois exclamam. "Sim", ele diz, "converti-me de pessimista para otimista." Minutos depois um dos pessimistas se vira para o otimista recém-convertido e lhe diz: "Se você se tornou otimista, por que continua parecendo tão preocupado?" "Ah! Você acha que é fácil ser otimista?", responde o amigo.

Os judeus sempre tiveram uma ligação com a terra de Israel e sempre estiveram presentes lá. Mesmo após a destruição do Segundo Templo pelos romanos e a expulsão de Jerusalém, os judeus esperavam por um retorno messiânico em curso. A existência judaica na Terra Santa parece ter sido contínua, mesmo que tênue. No século IV, um dos pais da Igreja, São Jerônimo, que viveu perto de Belém, relatou haver poucos cristãos e que a maioria das pessoas no país era judia; nos séculos V e VI, as escolas rabínicas prosperavam na Galileia, especialmente na cidade de Tiberíades. No período medieval, comunidades judaicas se estabeleceram regularmente em cidades como Acre e Safed.

Na segunda metade do século XIX, um novo tipo de imigrante começou a chegar à Terra Santa, fugindo da perseguição na Rússia e na Europa ocidental. Colônias agrícolas coletivas, conhecidas como *kibutzim*, começaram a se instalar. A chegada de um número significativo de judeus na década de 1880 marcou o início do sionismo moderno, que acabou levando à criação do moderno Estado de Israel em 1948.

Theodore Herzl é conhecido como o fundador do Estado judaico. Assistindo ao julgamento de Albert Dreyfus (Herzl era jornalista e fazia a cobertura para um jornal vienense), ele argumentou que os judeus só conseguiriam estar seguros se tivessem sua própria terra e que a vida na Diáspora levaria à catástrofe (que chegou, tragicamente, com o Holocausto). O futuro Estado judaico por ele descrito era uma utopia socialista.

Em 1917, o governo britânico publicou a Declaração Balfour, concordando que um Estado judaico deveria ser instituído na região da Palestina, que era governada por eles como um protetorado. Nos anos seguintes a imigração judaica aumentou e fundaram-se importantes instituições, como a Universidade Hebraica de Jerusalém, em 1925. O hebraico renasceu, transformado de um idioma histórico e religioso em uma língua de uso cotidiano.

Já havia forte oposição, inclusive paramilitar, ao domínio colonial britânico há muitos anos, e, em 1947, as Nações Unidas concordaram com a divisão da terra disputada entre judeus e árabes. Em maio de 1948, o governo britânico retirou suas forças e David Ben-Gurion tornou-se o primeiro primeiro-ministro do Estado de Israel. O novo Estado foi imediatamente invadido pelos Estados árabes em torno e forçado a lutar a primeira de diversas grandes guerras.

Muitos árabes fugiram de Israel. Alguns esperavam pela destruição do Estado judaico e planejavam retornar algumas semanas depois. Outros ainda estavam simplesmente temerosos por suas vidas. Embora algumas terras tenham sido conquistadas — em 1948 a Jordânia anexou o que agora ficou conhecido como Cisjordânia — Israel sobreviveu. Mas essa guerra de independência também marcou o início de uma crise de refugiados palestinos; muitos entre estes foram colocados em campos de refugiados, recusaram a cidadania em países árabes e não tiveram permissão para voltar a Israel. Tornaram-se peças de um jogo político, sofreram — e continuam a sofrer —

muito, enquanto o conflito entre Israel e seus vizinhos não consegue ser resolvido.

Israel teve uma relação profundamente problemática com os Estados árabes que o cercam durante a maior parte de sua história. São famosos, entre os conflitos recentes, a Guerra dos Seis Dias, em 1967, a Guerra do Yom Kipur, em 1973-1974, e a Guerra do Líbano, que se iniciou em 1982 e acabou oficialmente quando Israel retirou suas tropas do solo libanês em 2000. Os primeiros passos na direção de uma paz permanente foram dados quando Israel assinou um tratado com o Egito, em 1979, e com a Jordânia, em 1994. Houve também negociações diretas com os palestinos, que até agora mais prometeram do que cumpriram. A recriação de um Estado judaico na terra de Israel cerca de dois mil anos após a nação judaica anterior é algo como um milagre para os judeus. É milagroso que Israel tenha sobrevivido a seus primeiros anos, amparado pela ajuda e pelo apoio de aliados estrangeiros, como a Rússia, na década de 1950, e mais recentemente pelos Estados Unidos, a partir da década de 1970.

Hoje Israel não pode ser compreendido simplesmente com as referência de textos bíblicos ou teologia rabínica. Nem sua filosofia depende mais dos escritos de Herzl. A maioria dos israelenses não mora em um kibutz. Embora tenha havido imigração maciça da Rússia para Israel na década de 1990, mais da metade dos judeus de Israel são oriundos do Oriente Médio ou do norte da África. Ou seja, não há uma cultura israelense única, monolítica. Os israelenses, como os judeus em toda parte, estão profundamente divididos. A criação do Estado de Israel renovou a confiança dos judeus, tanto dentro do Estado judaico como na Diáspora, mas também trouxe novos problemas e desafios.

Dezesseis por cento da população de Israel (1,1 milhão) são árabes muçulmanos e 2% são árabes cristãos (140.000), que são cidadãos integrantes do Estado judaico. Embora a população israelense árabe tenha sua própria imprensa, sistema escolar e parlamentares, há desequilíbrios evidentes entre judeus e árabes, por exemplo, em termos de distribuição de recursos, o que ainda precisa ser reparado. Na Cisjordânia há mais de um milhão de palestinos, alguns dos quais sob o governo da Autoridade Palestina. A maioria dos israelenses e palestinos busca relações pacíficas, mas isso parece estar mais distante que nunca.

Conta-se uma história sobre o encontro de um líder israelense e um palestino com Deus, em que perguntam se um dia haverá paz no Oriente Médio. "É claro que haverá paz", Deus diz a eles, que parecem aliviados. "Mas", Deus continua, "não durante a minha vida."

As distâncias territoriais entre palestinos e israelenses são menores do que as divergências emocionais entre os dois povos. Eles não confiam um no outro. Os israelenses estão furiosos com os palestinos porque estes rejeitaram as propostas de Camp David em 2000 e voltaram a fazer uso do terror. Os palestinos estão irritados com os israelenses porque vivem na pobreza, sob constante ameaça de violência.

Cento e vinte anos após o início do sionismo, uma solução pacífica ainda parece distante em seus corações, embora tanto israelenses quanto palestinos saibam que bons vizinhos são melhores que boas armas.

4

Em que acreditam os judeus?

Certa vez, David Ben-Gurion perguntou a Martin Buber: "Por que, de fato, você acredita em Deus?" Buber respondeu: "Se houvesse um Deus de quem se pudesse falar, eu também não acreditaria. Mas como há um Deus com quem se pode falar, eu creio Nele."

Monoteísmo

O judaísmo tem início com a afirmação da existência de um único Deus. "Ouve, Israel, o Senhor nosso Deus é o único Senhor" (Deuteronômio, 6:4) é a primeira linha da oração judaica mais famosa, o *Shemá*. A oração se inicia com o reconhecimento da unidade e singularidade de Deus e se desenrola citando as obrigações oriundas desse novo conhecimento: "Amarás, pois, o Senhor teu Deus de todo o teu coração, de toda a tua alma e de toda a tua força. Estas palavras que hoje te ordeno devem estar em teu coração... e deves ensiná-las a teus filhos." (Deuteronômio 6:5-6)

Em seu encontro bíblico com Deus, os judeus têm uma revelação. A Bíblia não pergunta se Deus existe, mas, sim, o que Deus diz para mim? Por que Deus me criou? Qual é a minha função no mundo? A Bíblia retrata um encontro com um Deus apaixonadamente atento e que se dirige ao homem nos momentos tranquilos de sua existência — o Deus pessoal da Bíblia.

O rabino chefe da Grã-Bretanha, Jonathan Sacks, disse certa vez que ao parar de ler um volume de Homero, ele já não faz mais parte daquele mundo, mas quando para de ler uma Bíblia hebraica, continua escutando a voz de Deus a chamá-lo: "Onde está você?" O Deus da Bíblia, ele acha, não está distante no tempo ou afastado, mas apaixonadamente engajado e presente.

Há, contudo, uma corrente alternativa de tradição exemplificada pelo comentarista medieval, Maimônides, e seguida por outros filósofos judeus, que rejeita a ideia de um Deus pessoal. Maimônides escreveu uma série de obras, como *O guia para os perplexos* e *Treze princípios de fé*, que tentam harmonizar a filosofia aristotélica com a Bíblia. Ele acreditava na impossibilidade de haver contradição entre as verdades reveladas por Deus e as descobertas da mente humana. Maimônides era seguidor da teologia negativa, ou seja, Deus só pode ser descrito por atributos negativos. Não se pode dizer, por exemplo, que Deus existe, a única possibilidade é dizer que Deus não é inexistente. Desse modo, Maimônides (e mais tarde os cristãos escolásticos por ele influenciados) acreditava que a tentativa de obter conhecimento sobre Deus só poderia ser alcançada pela descrição do que Deus não é, em vez do que pelo que é. Isso o levou ao dito: "Ensine sua língua a dizer 'não sei' e progredirás."

Entretanto, para muitos judeus, eu inclusive, o encontro com Deus é mais que uma aceitação de uma proposição intelectual. Creio que Deus se interessa pela humanidade e creio em um Deus pessoal. Quando o cientista e filósofo do século XVII, Blaise Pascal, morreu, foi encontrada uma nota costurada em seu casacão. Dizia: "Não o Deus dos filósofos, mas o Deus de Abraão, Isaac e Jacó." Pascal havia percebido que, embora se possa pensar em provas da existência de Deus racionalmente e através de meios filosóficos, é somente uma mente excepcional que segue o caminho intelectual para um encontro com o Divino. Um encontro pessoal costuma ser o mais decisivo.

A maioria dos judeus não segue a tradição filosófica estabelecida por Maimônides. Um princípio judaico muito mais comum é que, embora Deus possa ser vivenciado, Ele não pode ser compreendido porque é inteiramente diferente da humanidade. Todas as afirmações na Bíblia e na literatura rabínica — que usam o antropomorfismo, por exemplo — são entendidas como metáforas linguísticas, caso contrário seria impossível falar sobre Deus. Isso é demonstrado pela pergunta que Moisés faz em seu primeiro encontro com Deus:

> "Quando eles (os Filhos de Israel) me perguntarem: Qual é o nome Dele? O que lhes direi?" E Deus disse a Moisés: *Eh'yeh asher eh'yeh* [Eu sou o que sou]; e disse mais: Assim dirás aos Filhos de Israel: Eu sou me enviou a vós outros. (Êxodo 3:14)

A resposta de Deus é compreendida em um nível como "Ele para quem nenhuma palavra ou nome é suficiente", mas Buber ensinou que significa "Eu estou onde for encontrado", pois o Deus que é verdadeiramente Deus não pode ser expresso, mas somente procurado. Isso foi mais elaborado por Buber em seu livro *Eu e tu*. Ele defendia que uma relação pessoal com Deus só é verdadeiramente pessoal quando há mais que temor e reverência do lado humano, quando também não nos sentimos sobrepujados ou oprimidos em nossa relação com Deus.

Torá

Embora o judaísmo afirme o monoteísmo primeiramente, nunca foi elaborado um catecismo a ser seguido. Rabinos como Maimônides chegaram a propor uma série de princípios básicos de fé que devem ser seguidos, mas há incertezas quanto ao número exato de formulações das crenças. Joseph Albo, rabino espanhol e teólogo do século XV, por exemplo, conta três, ao passo que Maimônides relaciona treze. A diferença e as listas alternativas oferecidas por outras autoridades rabínicas indicam um grau mais amplo de tolerância aos variados pontos de vista.

Entretanto, os rabinos de fato concordam com a centralidade e individualidade da Torá, palavra derivada do verbo hebraico "ensinar", que indica os livros do Pentateuco: Gênesis, Êxodo, Levítico, Números e Deuteronômio. O judaísmo rabínico defende que a Torá lida na atualidade é a mesma que foi entregue por Deus a Moisés no Monte Sinai.

Paralelamente aos cinco livros, conhecidos como a Torá escrita (ou às vezes como *Chumash*, que deriva do hebraico "cinco") está a Torá oral, que trata da exposição contínua da Torá escrita. Assim, toda a Torá incorpora os ensinamentos judaicos a partir da revelação no Monte Sinai até os dias de hoje.

Uma tradição oral foi necessária para acompanhar a escrita porque a Torá escrita por si só, mesmo com seus 613 mandamentos, é um guia insuficiente para a vida judaica. O quarto dos Dez Mandamentos, por exemplo, declara "Lembra-te do dia de sábado, para santificá-lo" (Êxodo 20:8). Por sua inclusão nos Dez Mandamentos, fica claro que observar o sábado é importante. No entanto, quando se procura pelas leis bíblicas específicas que regulamentam o modo de observar o dia, encontram-se apenas injunções contra acender fogo, sair de casa, cortar árvores, arar e colher. Será que a mera abstenção dessas poucas atividades cumpriria os requisitos para tornar o sábado sagrado? Na verdade, os rituais mais comumente associados ao Shabat — acender velas, abençoar o pão e o vinho e a leitura semanal da Torá — não são encontrados na Torá escrita, mas sim na oral.

Outro exemplo da tradição oral é demonstrada pela necessidade de atenuar certas leis que teriam causado sérios problemas se tivessem sido levadas a cabo literalmente, como "olho por olho, dente por dente" (Êxodo 21:24). Uma leitura literal indicaria que se alguém cegasse uma pessoa, esta deveria cegá-la em resposta. A Torá oral entende o versículo em termos de compensação monetária: o valor de um olho, o valor de um dente.

Os judeus ultraortodoxos creem que a Torá atual não é diferente da que foi recebida de Deus por Moisés. Eles se dividem, sendo que alguns afirmam a possibilidade de alguns erros de cópia terem se inserido no texto ao longo do tempo. Eles observam que os massoretas, escritas dos séculos VII a X, compararam todas as variações conhecidas da Torá para criar um texto definitivo, mas para todos os propósitos práticos, os judeus ortodoxos veem a Torá escrita e oral como idênticas à que Moisés ensinou.

Isso não implica que o texto da Torá deva ser compreendido literalmente, pois Deus não só transmitiu as palavras da Torá, mas também seu significado. Deus definiu regras sobre como as leis deveriam ser entendidas e implementadas, e elas foram passadas adiante numa tradição oral, que acabou sendo escrita na Mishná e no Talmude.

Os judeus progressistas — termo que inclui liberais, reformistas, conservadores e outros grupos religiosos não ortodoxos — geralmente aceitam que a

Torá tenha sido escrita pela mão humana e ao mesmo tempo revelada de modo divino, contendo, portanto, incorreções, assim como verdades. Acatando as descobertas realizadas pelas pesquisas arqueológicas e linguísticas dos eruditos bíblicos, a maioria dos judeus progressistas aceita que o âmago da Torá escrita provém de Moisés, mas mantém que a Torá lida hoje em dia foi editada a partir de diversos documentos.

Os judeus progressistas enfatizam a revelação contínua, ou seja, a profecia de Moisés foi a primeira em uma longa cadeia de revelações por meio das quais a humanidade começou a entender cada vez melhor a vontade de Deus. Como tal, eles mantêm que as leis de Moisés já não estão de acordo com sua interpretação literal, e é a geração atual que deve avaliar o que Deus deseja dela.

Um exemplo da diferença de abordagem pode ser visto na afirmação do Gênesis de que Deus criou o mundo em seis dias. Enquanto os judeus ultraortodoxos tomam isso ao pé da letra, muitos ortodoxos modernos e progressistas sentem que os seis dias deveriam ser interpretados como estágios na criação do universo e da Terra. Outra diferença significativa é que, para os judeus progressistas, a ênfase na autonomia pessoal se sobrepõe à lei e aos costumes judaicos; os indivíduos decidem quais práticas judaicas devem adotar para manter o vínculo.

Os judeus seculares e humanistas, por seu lado, ao mesmo tempo que rejeitam qualquer aspecto divino, ainda veem a Torá como fundamental para manter o modo judaico de vida. Embora seu foco seja no judaísmo como cultura em vez de religião, eles valorizam a Torá pelos seus ensinamentos para se levar uma vida judaica ética. Os judeus seculares são muitas vezes criticados pelos judeus religiosos por sua frágil ligação com o judaísmo (e não fica claro se o judaísmo secular é consistente e autossuficiente o bastante para ser transmitido com sucesso às futuras gerações). Convém notar que a Torá e a observância judaica permanecem centrais para a prática judaica, não importando a profundidade da crença.

Aliança

> Certo dia, uma mãe judia e sua filha de 8 anos de idade caminhavam por uma praia. De repente uma onda gigantesca chegou à areia e levou a menina para o mar. "Oh Deus", lamentou a mãe, voltando o rosto para o céu e sacudindo o punho. "Essa é minha única filha. Ela é o amor e a alegria da minha vida. Tenho apreciado cada dia que ela está comi-

go. Devolva-a e irei à sinagoga todos os dias pelo resto da minha vida!"

De repente outra onda gigantesca chegou à areia da praia, desta vez deixando a menina na areia. A mãe olhou para o céu e disse: "Ela tinha um chapéu na cabeça."

A tradição de discutir com Deus tem uma longa história, que remonta aos tempos bíblicos. É famosa a história de Abraão, por exemplo, que discutiu com Deus quando as cidades de Sodoma e Gomorra estavam para ser destruídas. A disponibilidade de ter uma conversa pessoal, contida no comentário de Isaías — "Venham agora, raciocinemos juntos (Isaías 1:18) —, demonstra a reação íntima entre o povo judeu e Deus. Para os judeus, a Bíblia não é simplesmente o que ocorreu em um passado distante a outras pessoas: trata-se de memória pessoal, minha história, o que aconteceu aos meus ancestrais e, portanto, a mim, enquanto eu levar adiante sua história. A Torá não fala de verdades morais de modo abstrato, mas de ordens, ou seja, verdades a mim endereçadas, requisitando minha resposta.

Deus inicia uma aliança com uma comunidade — o povo judeu — e essa comunidade aceita certas obrigações e responsabilidades como parceira Dele. A palavra "aliança" é a tradução padronizada do hebraico *brit*, geralmente compreendida como acordo. *Brit* foi traduzido para o grego como "decreto" (*diathèkè*) e para o latim como "testamento" (*testamentum*), que se tornou a designação cristã das duas partes da Bíblia cristã — o Velho e o Novo Testamento.

Para os judeus, a Bíblia descreve a maneira como os Filhos de Israel iniciaram uma relação com Deus por meio da eleição de Deus. "Filhos sois do Senhor vosso Deus... Sois um povo santo para o Senhor vosso Deus e o Senhor vos escolheu de todos os povos da terra para lhe serdes seu povo próprio (*Segula*)." (Deuteronômio 14:1-2) A palavra segula se refere a uma posse especial e implica que, embora todos os povos pertençam ao Senhor, Israel usufrui de uma estima especial e seu povo deve ser conhecido como o povo sagrado. Compreender essa aliança é fundamental para entender em que os judeus acreditam.

Nos tempos bíblicos, a aliança era renovada regularmente, a princípio com os patriarcas e mais tarde com todo o povo de Israel no Sinai, em uma cerimônia em que eles finalmente aceitavam as obrigações da Torá. A aliança foi mais uma vez renovada por Esdras após a destruição do Primeiro Templo em 587 a.e.c., e pelos profetas, que estavam sempre repreendendo Israel por romper seu lado do acordo.

A fidelidade de Deus a Israel, apesar de sua teimosia e má conduta, é um tema bíblico comum, como pode ser testemunhado pela história do bezerro de ouro, que descreve como os israelitas usavam joias para fazer a estátua de um bezerro enquanto Moisés recebia os Dez Mandamentos no Monte Sinai. Embora eles desobedecessem a Deus de modo explícito e adorassem o ídolo, Deus mostrou compaixão e decidiu não punir os israelitas por suas ações. A aliança com Deus e a compaixão Dele por Israel são também desenvolvidas nos escritos rabínicos e na liturgia judaica. A nova aliança mencionada por profetas como Jeremias, que os cristãos veem como referida a Jesus, é compreendida pelos judeus como um chamado para a renovação e renascimento espiritual em vez de uma nova aliança que substitui a anterior.

A aliança de Deus com Israel está especialmente associada à Terra de Israel. Em Gênesis 17:8 Deus afirma: "Dar-te-ei e à tua descendência a terra das tuas peregrinações, toda a terra de Canaã em possessão perpétua; e serei o seu Deus." Os judeus veem a Terra Prometida como parte integrante da aliança.

Outro aspecto da aliança é que Israel não é escolhida através de uma preferência arbitrária por um povo específico, mas sim para que o nome de Deus seja louvado. Deus e o povo de Deus são descritos como parceiros. Uma relação de mão dupla é enfatizada. Espera-se que o povo judeu corresponda a Deus sendo fiel à Torá e mantendo a aliança. Assim sendo, a aliança supõe reciprocidade, pois as duas partes — divina e humana — fazem um acordo.

A compreensão judaica da aliança, baseada na experiência do Sinai, implica que as condições do parceiro divino já foram cumpridas. Em consequência, sempre se supôs que a aliança traz responsabilidades para o povo de Deus no sentido de cumprir suas obrigações... Mas o que acontece caso Deus deixe de cumprir Sua parte da aliança? Um desafio fundamental para a aliança entre Deus e Israel ocorreu entre 1933 e 1945. Os horrores do Holocausto sacudiram o âmago da relação de muitos judeus com Deus.

Reações ao Holocausto

Elie Wiesel, conhecido sobrevivente do Holocausto, relata como três grandes eruditos judeus criaram um tribunal rabínico em Auschwitz. Seu propósito era indiciar Deus. O julgamento durou várias noites. Ouviram-se testemunhas, reuniram-se provas, tiraram-se conclusões, tudo levando a um unânime veredicto final: o Senhor Deus Todo-

Poderoso, Criador do Céu e da Terra, foi considerado culpado por crimes contra a humanidade e por romper Sua aliança com os Filhos de Israel. O que aconteceu a seguir foi assombroso. Após o que Wiesel descreveu como um "infinito de silêncio", um dos eruditos talmúdicos olhou para o céu e disse: "É hora das orações noturnas", e os membros do tribunal passaram a recitar o *Maariv*, o serviço noturno.

A pergunta "Onde estava Deus em Auschwitz?" permanece sendo um desafio teológico para todas as pessoas e especialmente para os judeus. Muitos estão convencidos que depois da Shoah, a teologia nunca mais poderá ser a mesma.

Há diversas reações religiosas ao Holocausto. Alguns judeus ultraortodoxos falam da Shoah como um castigo pela infidelidade israelita. Outros ligam os horrores ao milagre do renascimento do Estado de Israel. Outros ainda veem sua fé em Deus destruída e acreditam que Deus simplesmente abandonou seu povo. Alguns pensadores já falaram de um Deus limitado, que não possui controle total; outros se referiram a um Deus que sofre ou compartilha o sofrimento humano.

Muitos, como eu, encontram-se oscilando entre a dúvida e a fé.

Outro sobrevivente do Holocausto bastante conhecido foi o rabino de Londres, Hugo Gryn. "Creio que o próprio Deus estava lá", ele disse, "violado e blasfemado." Ele conta como jejuou e se escondeu entre tábuas de isolamento no Dia do Perdão. Tentou relembrar as orações que aprendera quando criança na sinagoga e pediu perdão a Deus. Por fim, ele diz: "Eu me dissolvi em lágrimas, devo ter chorado por horas (...) Então parece que me foi concedida uma curiosa paz interior (...) Creio que Deus também chorava (...) Encontrei Deus." Mas não foi o Deus da sua infância, o Deus que ele esperava para resgatar o povo judeu miraculosamente.

Hugo Gryn encontrou Deus nos campos de concentração, mas Ele chorava. Outros pensadores também mencionaram um Deus sofredor. Martin Buber adotou a frase "eclipse de Deus" e sugeriu que cada geração de judeus precisa "lutar" contra o Holocausto na tentativa de chegar a um acordo com aquilo. O nome Israel foi particularmente adequado, pois significa "aquele que luta com Deus". Após a Shoah, Buber perguntou: "Ousaríamos recomendar aos sobreviventes de Auschwitz, ao Jó das câmaras de gás: 'Dê graças ao Senhor, pois Ele é bom, pois sua misericórdia é eterna'?" (Salmos 136:1)

Elie Wiesel, por uma década, não conseguiu falar ou escrever sobre suas experiências durante o Holocausto. Até o início de 1960, o silêncio parecia ser uma resposta universal. Muitos sobreviventes descobriram que as sociedades pós-guerra onde viviam não estavam abertas para escutar suas histórias. A maioria estava ocupada com a reconstrução da própria vida em vez de disposta a se alongar sobre assuntos alheios. Só mais tarde os sobreviventes começaram a relembrar suas vidas durante o Holocausto.

Richard Rubenstein, pensador judeu americano, concluiu que não era possível acreditar em eleição e providência divina porque essa era uma interpretação absurda da história judaica. Afirmou que a crença tradicional em Deus estava morta e que os judeus deveriam reinterpretar sua herança e se tornar uma nação "normal". O objetivo de Rubenstein era desnudar o judaísmo de sua mitologia, ainda que mantendo as tradições e observâncias que ajudaram a preservar sua identidade diferenciada. Dentro dessa nova estrutura interpretativa, o Estado de Israel se tornou central, uma vez que estabelecia uma normalidade política, algo tido como legítimo por outras nações, cujos Estados existiam há muito mais tempo.

Emil Fackenheim, filósofo judeu canadense, rejeitou a alegação de que Deus estava morto e definiu o Holocausto como um evento singular que teve significado não só para os judeus, mas para toda a humanidade. O que aconteceu pode ser explicado, sugeriu, mas o motivo pelo qual o Holocausto ocorreu era impossível entender. Contudo, mesmo sem fazer sentido, o Holocausto resultou num mandamento, o sexcentésimo décimo quarto. Ali está escrito que o "autêntico judeu da atualidade é proibido de dar a Hitler outra vitória póstuma". Para esse fim, os judeus devem conservar a identidade, resistir à assimilação e só casar dentro de sua fé. Além disso, ele evoca uma solução para a tensão entre judeus religiosos e seculares.

Fackenheim também apresentou a noção de *tikum olam* ("consertar o mundo"), um conceito místico que descreve o esforço humano para se relacionar com Deus. Quanto melhor for a relação entre os judeus e Deus, mais "íntegro" o mundo se torna e menos fragmentada a relação entre Deus e a humanidade. Após o Holocausto, tal conserto ficou mais difícil e, afirma Fackenheim, ainda mais necessário.

O teólogo judeu americano Irving Greenberg também já brigou teologicamente com o Holocausto.

Ele é da opinião que o Holocausto representa o início de uma terceira era da aliança entre Deus e Israel. Na era bíblica, o Êxodo representou a redenção; na era rabínica, a destruição do Templo representou a tragédia. Na era moderna, enquanto o Holocausto representou a destruição, o renascimento do Estado de Israel representa a redenção.

Greenberg concluiu que o Holocausto requer uma reavaliação radical sobre as condições sob as quais o povo judeu se compromete com a aliança. No Holocausto, a aliança ficou ameaçada por causa da morte potencial de todo o povo judeu. Entretanto, os judeus reagiram com um compromisso contínuo de permanecerem judeus, o que, Greenberg sugere, representa um novo estágio: a aliança voluntária.

A aliança voluntária reconhece a ruptura do Holocausto, mas também afirma que a relação não acabou. Para Greenberg, a relação entre Deus e o povo judeu se renovou, desta vez, pela iniciativa do povo. O povo judeu já não deve obediência a Deus (pois não estava errado), mas atua voluntariamente a favor de uma esperança renovada.

O judaísmo como modo de vida: *Shabat* e as festividades

> No sétimo dia Deus terminou a obra que vinha fazendo, e cessou no sétimo dia todo trabalho que fizera. (Gênesis 2:2)

Rashi, famoso rabino francês do século X, indagava: como é possível Deus ter acabado a obra de criação no sétimo dia se, ao mesmo tempo, Ele cessou todo o trabalho no sétimo dia? Rashi explicou que a criação só poderia se completar com um dia de descanso.

No final do primeiro capítulo do Gênesis, Deus analisa tudo o que criou nos seis primeiros dias e acha "muito bom". No início do capítulo 2, Deus cessa (*shavat*) a criação e abençoa o sétimo dia para torná-lo sagrado. O Shabat (da raiz hebraica que significa "cessar") é um dia semanal de descanso observado a partir do pôr do sol de sexta-feira até o cair da noite do dia seguinte.

O judaísmo confere ao sábado o status de dia santo por ser o primeiro dia santo mencionado na Bíblia, e Deus foi o primeiro a observá-lo. Assim como comemora a criação divina do universo, o Shabat representa uma amostra de um futuro mundo messiânico. Na verdade, há uma crença tradicional de que o Messias virá se todos os judeus observarem adequadamente dois Shabats consecutivos.

A Bíblia descreve a proibição do trabalho no Shabat, para todos, inclusive escravos e animais. "Trabalhareis seis dias, mas o sétimo dia vos será santo, o sábado do repouso solene ao Senhor." (Êxodo 35:2) Mais tarde, os rabinos elaboraram 39 categorias de trabalho proibidas. O sábado é principalmente um dia de descanso para muitos judeus, mas, como a história chassídica a seguir deixa claro, o descanso físico ou pausa do trabalho não são, em si, um fim:

> Um homem saiu de casa e foi trabalhar num lugar distante. Sempre que via um forasteiro, perguntava-lhe se conhecia a sua família, mas ninguém lhe dava notícias. Após muitos meses, ele encontrou um mendigo e lhe fez muitas perguntas. O mendigo lhe disse que não tinha tempo para responder, pois precisava pedir esmolas. "Diga-me, quanto dinheiro você consegue recolher por dia?", o homem perguntou ansioso. "De três a quatro moedas de ouro", respondeu o mendigo. "Pois bem, eu lhe darei quatro moedas de ouro, mas, em retribuição, fique comigo o dia inteiro e me conte o que sabe da minha família."
>
> O mendigo concordou em se encontrar com o homem um dia antes deste voltar para casa. O dia

chegou, e mal o homem havia começado a falar, quando o mendigo caiu no sono. Ao despertar, ele disse que se sentia fraco demais para responder às perguntas, e que precisava fazer uma refeição. Seu pedido foi atendido e ele comeu e bebeu tranquilamente. Por fim, satisfizera a fome, mas em vez de continuar a narrativa, ele disse que comera demais e precisava descansar. A paciência do homem chegou ao fim e ele falou zangado: "Eu contratei os seus serviços para o dia inteiro e só o que você fez foi comer, beber e dormir até ter gasto praticamente todo o dia que deveria ter dedicado a mim..."

A história é um lembrete aos judeus de que o Shabat deveria ser um momento de oração, tanto em casa como na sinagoga, e não simplesmente um dia de descanso. Na sinagoga, a leitura da Torá é a parte central do serviço matutino de sábado. Segundo os escritos místicos judaicos, o Shabat representa os princípios masculino e feminino na natureza divina de Deus, que ficam unidos nesse dia como em nenhum outro. Talvez essa seja a razão para que a relação matrimonial seja considerada especialmente meritória na sexta-feira à noite.

Alguns dos costumes mais conhecidos do Shabat giram em torno da refeição da sexta-feira à noite, que se inicia com uma bênção sobre duas velas, seguida de uma oração sobre o vinho e o pão, denominado *chalá*, que consiste em dois pães. Eles servem de lembrança das duas porções de maná reunidas pelos israelitas no deserto na véspera do Shabat.

O Shabat termina com as orações do sábado à noite, denominadas *havdalá* ("separação"), marcando a transição do dia santo para a semana secular.

As festividades de outono

A época mais movimentada do ano no calendário judaico é o outono [no hemisfério norte], quando há quatro festividades num único mês. A estação se inicia com o Ano Novo judaico, o *Rosh Hashaná*, que ocorre no primeiro e segundo dia do mês hebraico de *Tishrei*, que tem uma única semelhança com as comemorações que cercam o fim de ano secular em 31 de dezembro — o estabelecimento de resoluções de ano-novo. O Rosh Hashaná não é uma época de festas, mas sim de olhar para os erros cometidos no ano que acabou e de refletir sobre as mudanças de estilo de vida necessárias para uma vida melhor no ano seguinte.

Essa reflexão inclui a busca de reconciliação com as pessoas tratadas injustamente durante o ano. Os rabinos explicam que antes de pedir perdão a Deus pelos pecados, devemos primeiro buscar corrigir as injustiças que cometemos com os outros. Em consequência, o Rosh Hashaná é um festival solene, que exige reflexão. Marca também o início de um período de dez dias, que se encerra com a observação do Yom Kipur, o Dia do Perdão. Os Dez Dias de Arrependimento, como são chamados, marcam um período para *Teshuvá* (arrependimento), *Tefilá* (oração) e *Tzedaká* (caridade).

Durante o serviço de Rosh Hashaná, que dura entre três e quatro horas, a comunidade ouve o som primitivo de um chifre de carneiro (o *shofar*), que é tocado mais de cem vezes. Segundo Maimônides, seu propósito é despertar a congregação e levar os judeus a pensar sobre o que podem fazer para se tornarem um povo melhor.

Um rabino e um discípulo iam para a sinagoga na véspera do Rosh Hashaná quando uma chuva repentina os obrigou a buscar abrigo à porta de uma taverna. O discípulo espiou por uma das janelas e avistou um grupo de judeus festejando e bebendo. Ele disse ao rabino que aqueles homens estavam se comportando mal, enquanto deveriam estar na sinagoga orando a Deus pelo perdão de seus pecados. Desconsiderando a repreensão do discípulo, o rabino disse: "Com certeza estão recitando as bênçãos pela comi-

da e bebida. Que Deus os abençoe." O discípulo continuou a espiar. "Ai de nós, rabino!", ele exclamou. "Acabei de escutar dois deles contando dos roubos que cometeram." "Se isso for verdade, eles são verdadeiros judeus praticantes", disse o rabino. "Estão confessando seus pecados antes do Rosh Hashaná. Como você sabe, ninguém é mais honrado do que aquele que se arrepende."

Yom Kipur, o Dia do Perdão, ocorre no dia 10 de Tishrei e é o dia mais sagrado do ano. Segundo o Levítico 23:27, o Yom Kipur é escolhido para "afligir a alma", fazendo-a expiar os pecados do ano que passou. Tradicionalmente, todos os judeus adultos, definidos como os maiores de 13 anos, jejuam e rezam. Muitas vezes, mesmo os judeus que não observam nenhum dos costumes jejuam ou reconhecem a seriedade desse dia. Alguns dos meus amigos não praticantes (ou até os ateus devotos) vão à sinagoga. Apreciam particularmente a música tradicional e sentem uma conexão com os outros judeus que observam o dia.

Os judeus praticantes passam a maior parte, às vezes o dia inteiro na sinagoga. O serviço se inicia cedo, geralmente em torno das 9h, continuando até a noite e finalizando com um longo toque do shofar.

Há muitos acréscimos às orações habituais da sinagoga, sendo a mais importante o *Al Chet,* ou

Vidui, a confissão dos pecados. Todos os pecados são confessados no plural ("nós somos culpados" etc.), enfatizando a responsabilidade comunitária, de que todos fazemos parte. Outra característica do serviço de Yom Kipur é a leitura do Livro de Jonas, para ensinar que se as pessoas forem sinceras em suas orações, Deus sempre aceitará sua Teshuvá, até mesmo de uma cidade inteira de pecadores.

Segundo Eclesiastes 7:20, "Não há homem justo sobre a terra, que faça o bem e que não peque." O pecado separa a humanidade de Deus, mas o arrependimento proporciona um retorno, pois Deus mostrará compaixão. A Bíblia tem muitas palavras para lamentações ou arrependimentos, sendo a mais comum *shuv* ("virar-se, retornar"), radical da palavra Teshuvá. Portanto, arrependimento significa voltar a Deus, dando as costas para o mal em favor do bem. Como diz o profeta Malaquias, "Retornai para Mim e Eu retornarei para vós, diz o Senhor dos Exércitos." (Malaquias 3:7)

Conta-se a história de que certa vez um rabino perguntou a um alfaiate analfabeto o que ele fazia no Yom Kipur, já que não conseguia ler as orações prescritas. Relutante, o alfaiate respondeu: "Falei com Deus e Lhe disse que os pecados pelos quais supostamente devo me arrepender são pequenos."

Disse-Lhe também: "Meus pecados são inconsequentes; talvez eu tenha ficado com alguma sobra de tecido ou quem sabe tenha me esquecido de fazer algumas orações. Mas o Senhor cometeu alguns pecados realmente graves. Tirou as mães de seus filhos e os filhos de suas mães. Então vamos chegar a um acordo. Se o Senhor me perdoar, eu O perdoo."

O rabino, zangado, repreendeu o judeu analfabeto: "Você foi muito tolerante com Deus. Você deveria ter insistido para que Ele trouxesse redenção para o mundo."

SIMCHAT TORÁ E SUCOT

A terceira maior festividade do outono é *Sucot*, que significa "cabana". Uma sucá é construída de galhos e folhas com aberturas que possibilitem a visão da luz do sol, da lua e das estrelas. Celebrando a colheita, a sucá é decorada com frutas e vegetais pendurados no teto e nas paredes. O Talmude recomenda que os judeus "habitem na sucá como o fariam na sua própria casa". Entretanto, mesmo os judeus mais ortodoxos cumprem a *mitzvá* simplesmente fazendo as refeições e estudando na sucá.

Nos tempos bíblicos, Sucot era apenas a festividade da colheita, mas depois assumiu significados adicionais, relembrando os abrigos temporários onde os Filhos de Israel habitaram enquanto caminhavam pelo deserto por quarenta anos.

No último dia de Sucot os judeus celebram *Simchat Torá*, "Júbilo da Torá", que marca o fim do ciclo anual de leituras semanais da Torá. Durante o ano, os judeus leem partes da Torá todas as semanas e, em Simchat Torá, leem os últimos versículos do Deuteronômio e os primeiros do Gênesis, demonstrando que a Torá é um círculo infinito.

Embora Simchat Torá não seja mencionada na Bíblia ou no Talmude (tornou-se uma festividade por volta do século XI e.c.), a conclusão das leituras é uma época de grande celebração. Segundo a tradição, Simchat Torá é uma das duas épocas do ano em que se recomenda aos judeus beberem muito! Há procissões, *Hakafot*, em volta da sinagoga com os rolos da Torá e muita animação acompanhada por canto e dança.

As festividades de inverno: *Chanucá* e *Tu Bishvat*

Chanucá, conhecida como a festa das Luzes, é observada por oito dias no inverno [do hemisfério norte], celebrando a vitória militar do macabeus sobre os gregos selêucidas, que governaram Israel cerca de 2.200 anos atrás. Chanucá significa "inauguração" e se refere à reinauguração do Templo de Jerusalém em 165 a.e.c. A festa das Luzes alude às chamas acesas todas as noites na Chanucá, um candelabro de nove braços. A cada noite uma vela adicional é acesa, começando com uma na primeira noite de Chanucá, e terminando com as oito na última noite. O nono braço do candelabro é reservado para o *shamash*, a luz servente, que é acesa em primeiro lugar e usada para acender as outras.

A Chanucá é popular entre as crianças, especialmente entre as comunidades que vivem em países cristãos. Alguns estudiosos opinam que Chanucá ganhou maior importância nesses países por representar uma resposta judaica às celebrações cristãs do nascimento de Cristo em 25 de dezembro. Chanucá não só ocorre em torno da mesma data do Natal (seria mera coincidência que se inicie no dia 25 do mês judaico de *Kislev*?), como também há uma série de costumes semelhantes, como o de acender velas e dar presentes. É irônico que essa festa, que tem suas raízes em uma revolução contra a assimilação e supressão do judaísmo, tenha se tornado a mais assimilada e secular do calendário judaico.

Um mês depois, os judeus celebram *Tu Bishvat*, o Ano Novo das Árvores, sendo essa uma oportunidade para refletir sobre a responsabilidade humana como "administradores do mundo". É tradicional que se comam frutas e se plantem árvores. Estudiosos acreditam que nos tempos bíblicos Tu Bishvat fosse uma festividade agrícola, mas após a destruição do Templo, os judeus marcaram sua ligação com a terra de Israel consumindo alimentos originários de lá.

A Bíblia exalta a reverência pelas árvores frutíferas como símbolos da generosidade e benevolência de Deus. Formularam-se leis específicas para proteger as árvores em épocas de guerra, assegurando que seus frutos não fossem colhidos antes de estarem suficientemente maduros. Na atualidade, Tu Bishvat teve um renascimento como celebração do meio ambiente e como lembrete aos judeus de sua ligação com Israel. O místico *seder* de Tu Bishvat medieval também foi ressuscitado e transformado numa celebração do meio ambiente.

As festividades da primavera: *Purim, Pessach e Shavuot*

Purim

Purim, que significa sorte, celebra a história de Ester e ocorre no dia 14 do mês judaico de *Adar*, geralmente em março. Ester, juntamente com seu tio Mordecai, ajudou a salvar a comunidade persa das intenções assassinas de Hamã, o perverso conselheiro do rei, que desejava aniquilar o povo judeu. O Livro de Ester é redigido como um conto folclórico e é o único livro da Bíblia que não contém o nome de Deus.

O principal costume do Purim é ouvir a leitura do livro de Ester, conhecido como *Meguilá*, que significa pergaminho. Purim geralmente termina com uma festa coletiva, visto que, por tradição, os judeus devem comer, beber e ficar alegres. Segundo o Talmude, a pessoa deve beber até não conseguir diferenciar entre "maldito seja Hamã" e "bendito seja Mordecai", embora haja divergências quanto ao grau de embriaguez que isso significa. É costume também vaiar, bater os pés e sacudir chocalhos sempre que o nome de Hamã é mencionado no serviço.

Pessach

Pessach é uma festividade centrada na família, quando os judeus recontam a história conhecida como *Hagadá* (hebraico para "contar, narrar"), do Êxodo do Egito, e agradecem a Deus por libertá-los "com um braço estendido". Ocorre no dia 15 do mês judaico de *Nissan* e na Bíblia chama-se *Chag ha-Pessach* ("a festividade da travessia") e *Chag ha-Matzot* ("a festividade da matzá").

A característica mais conhecida dessa celebração atualmente é a refeição chamada *seder*. A palavra "seder" deriva do aramaico e significa "serviço em sequência". É um banquete que ocorre nas primeiras duas noites do Pessach. As pessoas mais importantes do seder são as crianças. A Hagadá declara que, em todas as gerações, cada pessoa deve sentir como se ela mesma tivesse saído do Egito. "Você deve dizer ao seu filho nesse dia: 'Quando eu saí do Egito o Senhor fez milagres por mim...'". Dessa forma, os pais contam aos filhos a história do êxodo dos israelitas do Egito.

Outros elementos da refeição chamada seder incluem:

- Comer verduras amargas (porque os egípcios escravizaram os israelitas, amargurando suas vidas)
- Beber quatro cálices de vinho (representando as promessas de redenção feitas por Deus)
- Comer pão ázimo (pois os israelitas não tiveram tempo de levedar a massa do pão antes de deixar o Egito)
- Reclinar-se para a esquerda durante partes do serviço que antecede a refeição (simbolizando liberdade, visto que os romanos livres reclinavam-se para a esquerda)
- Procurar o *afikoman* (um pedaço de matzá que é escondido durante o seder para que as crianças procurem ao término da refeição)

Durante a refeição, o Prato do Seder é explicado a todos e especialmente às crianças, pois ele contém todos os principais símbolos da travessia: um osso de coxa assado, representando os sacrifícios do Templo dos tempos bíblicos; um ovo assado, representando as oferendas ao Templo; salsa, lembrando aos judeus que Pessach corresponde à colheita da primavera; um prato de maçãs e nozes picadas com vinho, o *charosset*, que representa a argamassa usada pelos israelitas durante o cativeiro; finalmente, as verduras amargas, que representam o amargor da escravidão.

Shavuot
Enquanto Pessach representa a libertação física do cativeiro e da escravidão, *Shavuot*, que comemora a entrega da Torá aos Filhos de Israel no Monte Sinai, representa a libertação espiritual do cativeiro da idolatria. Chama-se também Festa das Semanas (shavuot significa "semanas") e representa as sete semanas entre Pessach e Shavuot. A entrega da Torá é muito mais do que um acontecimento histórico e os rabinos o comparam a um casamento entre Deus e os Filhos de Israel. Segundo a tradição, foi nesse ponto que os judeus concordaram em se tornar o Povo Eleito de Deus, e o Senhor se tornou seu Deus.

Um costume bastante estabelecido convoca para uma noite inteira de estudo da Torá na primeira noite do Shavuot. Há muitas razões que explicam o costume. Segundo a de minha preferência, quando os Filhos de Israel estavam a ponto de receber a Torá, eles dormiram demais. Diz a obra mística judaica, o Zohar, que os indivíduos devotos permanecem acordados a noite inteira como um ato de expiação. Em algumas congregações, os rabinos dão palestras até tarde da noite, seja para possibilitar que toda a congregação estude o mesmo tópico, seja para acomodar os que não conseguem estudar por conta própria (ou talvez para fazer alguns dormirem?).

Durante o serviço de Shavuot, os judeus escutam a leitura dos Dez Mandamentos, que simbolizam a entrega de toda a Torá:

OS DEZ MANDAMENTOS

Eu sou o Senhor, teu Deus, que te libertou da terra do Egito, do campo da escravidão.

Não terás outros deuses além de Mim.

Não tomarás o nome do Senhor, teu Deus, em vão.

Lembra-te do dia de sábado e santifique-o.

Honrarás teu pai e tua mãe.

Não matarás.

Não cometerás adultério.

Não roubarás.

Não levantarás falso testemunho.

Não cobiçarás a casa do próximo.

As novas festividades: *Yom ha-Shoah* e *Yom ha-Atzmaut*

Duas novas festividades foram acrescentadas ao calendário judaico no século XX: o *Yom ha-Shoah*, Dia da Memória do Holocausto, observado em 27 de Nissan, alguns dias após Pessach, e o *Yom ha-Atzmaut*, Dia da Independência de Israel, observado dez dias mais tarde.

O Yom ha-Shoah foi instituído pelo parlamento de Israel, o Knesset, em 1951, em memória dos seis milhões de judeus que pereceram no Holocausto. Agora é celebrado também pelos judeus da Diáspora. O Yom ha-Atzmaut marca a fundação do moderno Estado de Israel, celebrado no dia 5 de *Iyar*, que corresponde a 14 de maio de 1948, o dia em que Israel foi declarado um Estado independente.

A criação das duas novas festividades demonstra a vitalidade contínua do judaísmo e também ilustra sua representatividade como modo de vida. Nesse caso, a vida — na criação do Estado de Israel — superou a morte — na devastação provocada pelo Holocausto. Realmente, alguns comentaristas sugerem que a criação do Estado de Israel representa a ressurreição espiritual e física do povo judeu.

5

Variedades de crença

Este capítulo descreve a vida de cinco judeus que demonstram a diversidade do modo de vida judaico na atualidade.

Woody Allen

> O importante, acho, é não ser amargo (...) Se realmente houver um Deus, não creio que ele seja mau. O pior que se pode dizer é que é um fracassado. Se Deus existir, espero que ele tenha uma boa desculpa.

Woody Allen, nascido Allen Stewart Königsberg, em 1935, no Brooklyn, em Nova York, é diretor e roteirista de filmes, um dos mais respeitados e produtivos cineastas da atualidade. Allen representa a quintessência do intelectual judeu nova-iorquino: neurótico e ensimesmado, cosmopolita, mas inseguro, com um senso de humor autodepreciativo.

Quando criança frequentou uma escola hebraica e depois uma escola primária que mais tarde lhe serviu para fazer piadas, pois, devido a seu corpo delgado, "fui brutalmente espancado por crianças de todas as raças e credos". Cedo perceberam seu talento para escrever piadas. Aos 16 anos ele começou a escrever para a televisão e mudou seu nome para Woody Allen. Foi expulso da New York University, segundo ele por ter sido flagrado "colando no exame final de metafísica. Sabe como é, eu estava olhando para a alma do cara sentado ao meu lado". Comediante talentoso desde cedo, Allen ganhou seu primeiro Prêmio Emmy em 1957.

Allen transformou suas fraquezas em pontos fortes, e fez da sua personalidade neurótica, nervosa e tímida uma forma de arte, imortalizada em filmes como *Noivo nervoso, noiva neurótica* e *Manhattan*. Em seu filme, ganhador do Oscar, *A era do radio*, Allen atua como o narrador que faz parte de uma grande família judaica na Nova York da década de 1940. Tudo é judaico a respeito da família, não só o contexto social, a fala e os maneirismos, como também certos aspectos menos definidos, como a compulsão para sonhar, para aspirar a uma vida melhor, para levar a família adiante, juntamente com uma abundância de sentimentalismo. As sensibilidades do imigrante, que sintetizam muitos dos personagens judeus de Allen, são animadas com vitalidade, superstição e ansiedade. Outro traço judaico comum no filme é que os personagens discutem.

Woody Allen possui uma forte consciência de seu judaísmo e se orgulha dele, diferentemente de uma geração anterior de comediantes judeus, como os Irmãos Marx. Estes disfarçavam sua origem judaica. O bigode de Groucho, o sotaque italiano de Chico, a peruca loura de Harpo e seus nomes italianos eram modos de ocultar sua origem, ao passo que os personagens de Woody Allen revelam a origem judaica interna e externamente.

A mudança na autoconfiança judaica americana nas artes teve início no final da década de 1950, exatamente quando Woody Allen iniciava sua carreira. Hollywood não só começava a descobrir a Shoah, como também a romantizar Israel, o *shtetl* da Europa ocidental pré-Holocausto e o Lower East Side de Manhattan. Surgiu uma nova geração de atores que se pareciam e falavam como judeus: Dustin Hoffman, Barbra Streisand e, mais recentemente, Billy Crystal e Ben Stiller, atores com sotaque do Brooklyn e gestos judaicos, que costumam dar de ombros, reclamar e fazer piadas sobre qualquer assunto de vida ou de morte. Como diz Woody Allen:

> O principal problema da morte, aliás, é o medo de não haver vida depois dela — uma ideia deprimente, em especial para os que se deram o trabalho de fazer a barba. Além disso, há o temor de que, havendo uma vida após a morte, ninguém saiba onde fica.

Hugo Gryn

Hugo Gryn adorava citar a observação de Martin Luther King: "Estamos presos a uma rede inescapável de reciprocidade. Qualquer coisa que afete uma pessoa diretamente, afeta a todos indiretamente." Conta-se uma história sobre uma reunião entre os líderes das comunidades judaica e negra na tentativa de estabelecer um grupo parlamentar de raça e comunidade. Quando perguntaram a um dos participantes: "Por que os judeus estão tão interessados nesse trabalho?", ele respondeu: "Porque é correto. Porque é necessário. Porque queremos ser úteis, passando só um pouco da experiência que acumulamos como imigrantes antes de vocês." "Errado", interveio Hugo Gryn. "Estamos interessados porque esse trabalho é do nosso interesse.

Nossa comunidade só conseguirá prosperar numa sociedade decente, que respeita os direitos de todas as minorias. Assim, ataques à comunidade negra são uma ameaça direta a nós."

O rabino Hugo Gryn nasceu na cidade de Berehovo, nos Cárpatos da Tchecoslováquia, em 1928, foi deportado para Auschwitz aos 13 anos de idade e depois rumou para a Grã-Bretanha com um grupo de crianças sobreviventes após a guerra. Mais tarde se mudou para os Estados Unidos, onde se preparou para o rabinato, servindo primeiro em Bombaim e Nova York e, a partir de 1964, na West London Synagogue, posto que ocupou até a morte, em 1996. O compromisso de Hugo Gryn não era apenas com a própria congregação, mas também com o restante da comunidade judaica, e ele era fortemente engajado no diálogo inter-religioso. Falava na rádio com regularidade e por muitos anos fez parte da rádio BBC, especialmente como um dos participantes da mesa-redonda do programa *The Moral Maze* [O labirinto moral].

Na década de 1930, o antissemitismo restringiu cada vez mais a vida das famílias judaicas, como os Gryn. Seus pais fizeram planos para fugir da Europa, mas a lealdade aos próprios pais os impediram de colocá-los em prática. Em 1938, tropas húngaras chegaram a Berehovo, logo seguidas pelo exército alemão. Em 1944, a comunidade judaica foi forçada a viver num gueto e mais tarde foi deportada para Auschwitz. Hugo e sua mãe sobreviveram, mas o pai e o irmão pereceram.

Separado da mãe e do irmão na chegada, Hugo e o pai serviram como trabalhadores escravos. Após a libertação, ele voltou para casa e encontrou a cidade na qual a comunidade judaica, outrora vibrante, fora destruída; uma cidade onde só restava "um punhado de sobreviventes, desanimados, em sua maioria esperando em vão pelo retorno dos outros familiares".

Em 1951, enquanto se preparava para ser rabino em Cincinnati, Gryn começou a escrever sobre suas experiências nos campos. As páginas foram descobertas numa escrivaninha pela filha, Naomi, após sua morte. A narrativa da vida cotidiana em Auschwitz e nos campos posteriores é de grande clareza descritiva, sendo ainda mais chocante por isso. Ele descreve a vez em que estava na "padaria" de Auschwitz (ele achava que era uma padaria, pois o prédio tinha uma chaminé bem alta) junto a um grupo de crianças pequenas que se preparava para um "banho de chuveiro". Um guarda o mandou embora, mas antes que ele saísse, uma das crianças, que ia caminhando nua e entrava pelas portas duplas nas "salas de banho" de piso seco, o reconheceu e acenou.

Gryn sobreviveu aos campos de concentração e se dedicou à liderança comunitária. Habitualmente mencionava o espírito judaico e a necessidade religiosa de não se entregar à apatia ou à brutalização. Relembrava o que o pai — que morreu em seus braços poucos dias após a libertação — lhe disse nos campos: "Você e eu tivemos que ficar mais de uma semana quase sem comer e outra vez quase três dias sem água, mas você não pode viver por três minutos sem esperança."

Hugo Gryn deixou uma mensagem para os povos de todas as épocas e lugares: "Ninguém está seguro quando o preconceito étnico ou religioso é tolerado, quando o racismo é corrente e quando pessoas decentes, bem-intencionadas, ficam quietas por ser isso prudente."

Golda Meir

> A paz chegará quando os árabes amarem mais os seus filhos do que nos odiarem.

Golda Meir foi a dama de ferro da política israelense anos antes deste epíteto ser cunhado à Margaret

Thatcher. David Ben Gurion certa vez a descreveu como "o único homem no Gabinete".

Ela nasceu em Kiev, em 1898, e emigrou para os Estados Unidos em 1906 com a família. Suas memórias de infância dos pogroms e massacres antijudaicos durante a Revolução de 1905 a levaram a abraçar o sionismo, e na escola ela entrou para o *Poalei Tzion* (Trabalhadores de Sião). Tornou-se socialista e, depois de emigrar para a Palestina em 1921 com o marido, foi ativista do movimento sindicalista (*Histradut*) e morou em um kibutz. Mais tarde trabalhou para a Representação Judaica, que organizava a imigração dos judeus para a Palestina.

Em 1947, com a aproximação da Guerra da Independência, ela fez duas grandes viagens ao exterior. Primeiro, visitou os EUA e angariou um amplo apoio dos judeus americanos para o Estado judaico incipiente; em segundo lugar, disfarçando-se de árabe, cruzou secretamente a fronteira da Transjordânia e manteve conversas secretas com o rei Abdullah, na tentativa — sem sucesso — de persuadi-lo a deixar seu país fora da guerra.

Em 1949, um ano após a criação do Estado de Israel, Golda Meir foi nomeada primeira embaixadora de Israel em Moscou, e em 1956 se tornou ministra do Exterior, posto que ocupou por dez anos.

Como tal, ela arquitetou as tentativas para Israel criar pontes com os países independentes emergentes da África e fomentou fortes relações bilaterais com os países latino-americanos. Empenhou-se também em consolidar as relações com os Estados Unidos.

Meir foi uma mulher formidável: na aparência era austera e, na personalidade, determinada. Personificava o espírito israelense de várias maneiras. Após a morte de Levi Eshkol em 1969, ela foi chamada da aposentadoria para se tornar a nova primeira-ministra de Israel, a terceira mulher a ocupar este posto no mundo (após Sirimavo Bandaranaike, do Sri Lanka, e Indira Gandhi, da Índia). Tinha então 70 anos.

Esse foi o ápice de uma longa carreira dedicada à causa do sionismo sob o ponto de vista do Partido Trabalhista. Quando Golda Meir se tornou primeira-ministra, Israel estava pleno de confiança após a Guerra dos Seis Dias de 1967. Ela não viu necessidade de buscar um acordo com os palestinos, visto que Israel estava seguro. Seu conceito de Israel era o de um foco para os judeus de todo o mundo, exemplificado por suas admiráveis expressões de solidariedade com os judeus soviéticos que, enfrentando obstáculos e discriminação significativos, se engajaram numa luta aberta para se estabelecer em Israel.

Entretanto, seu governo foi afligido por disputas internas e uma falta geral de liderança. Durante este período onze atletas israelenses foram assassinados por terroristas nas Olimpíadas de 1972. Em consequência, ela autorizou o Mossad, o Serviço Secreto israelense, a matar os responsáveis onde quer que pudessem ser encontrados (daí se originando o enredo para o filme de Steven Spielberg, *Munique*, de 2005). Naquela época ela disse ao Parlamento, o Knesset: "Não temos outra escolha a não ser atacar as organizações terroristas onde quer que possamos encontrá-las. É uma obrigação com nós mesmos e com a paz. Iremos cumprir essa obrigação sem nos abater."

A euforia de Israel também foi ferida pela Guerra do Yom Kipur, em 1973, que deflagrou com um ataque coordenado por egípcios e sírios. Após as derrotas iniciais, Israel — com o auxílio norte-americano — revidou, forçando o Egito e a Síria a entrarem em negociação. Contudo, o governo foi seriamente criticado por errar em sua avaliação das intenções árabes. Grande parte da culpa foi direcionada à primeira-ministra de Israel. O Partido Trabalhista venceu as eleições realizadas logo após a guerra, mas Golda Meir, ainda enfrentando críticas, renunciou poucos meses depois, tendo por sucessor Yitzhak Rabin. Ela morreu em 1978.

EM QUE ACREDITAM OS JUDEUS?

Jonathan Sacks

> Após o colapso de Babel, o primeiro projeto global, Deus apela para um homem, Abraão, uma mulher, Sara, e diz "Sejam diferentes". A palavra "sagrado" na Bíblia hebraica, *kadosh*, realmente significa "diferente, distinto, separado". Por que terá Deus dito a Abraão e Sara que fossem diferentes? Para ensinar a todos nós a dignidade da diferença... O desafio religioso é encontrar a imagem de Deus em alguém que não seja a nossa imagem, em alguém cuja cor seja diferente, cuja cultura seja diferente, que fale um idioma diferente, que conte uma história diferente e que adore a Deus de modo diferente. (*A dignidade da diferença*)

Jonathan Sacks, nascido em 1948, é rabino-chefe das United Hebrew Congregations of the Commonwealth [Congregações Hebraicas Unidas da Commonwealth] desde 1991, o sexto titular desde 1845. Amplamente reconhecido como um dos principais expoentes mundiais contemporâneos do judaísmo, o rabino-chefe é um erudito e líder espiritual da comunidade judaica britânica.

Ele fala e escreve sobre diversos modos de convivência entre diferentes culturas, como demonstrado pelo subtítulo de um de seus livros *A dignidade da diferença: Como evitar o choque das civilizações.* Sacks argumenta que, no passado, os princípios da tolerância religiosa ou a separação entre Igreja e Estado funcionavam bem dentro dos limites de uma nação-estado. Mas hoje em dia tudo afeta o restante, seja terrorismo ou economia. Em resposta a isso, Sacks opina, a diferença não deveria ser vista como uma dificuldade a ser superada, mas como a própria essência da vida.

Em Cambridge, ele disse o seguinte aos meus alunos: "Somos todos diferentes e cada um de nós possui certas habilidades e carece de outras. O que eu não tenho, você tem, e o que você não tem, eu tenho. Como somos todos diferentes, nos especializamos, negociamos e todos saímos ganhando. O economista David Ricardo lançou uma fascinante proposição... Ela diz que se você é melhor na fabricação de machados do que na pesca e eu sou melhor na pesca do que na fabricação de machados, saímos ganhando ao negociar, mesmo se você fizer as duas coisas melhor do que eu. Você pode ser melhor que eu em tudo e mesmo assim nós ainda nos beneficiamos se você se especializar no que faz melhor e eu me especializar no que eu fizer melhor... cada um de nós possui algo de único com que contribuir, e ao contribuir beneficiamos não só a nós mesmos, mas às outras pessoas também."

Como a religião é responsável por grande parte do derramamento de sangue no mundo, Sacks explica seus pontos de vista em linguagem religiosa, recorrendo às histórias bíblicas compartilhadas pelo judaísmo, cristianismo e islamismo. Ele discute, por exemplo, a história da Torre de Babel, quando Deus separa a humanidade em uma multiplicidade de culturas e diversidade de idiomas. Segundo Sacks, Deus diz: "Sejam diferentes, para ensinar à humanidade a dignidade da diferença." Em vez da noção familiar de um único Deus, uma verdade, um caminho, Sacks está afirmando a aprovação divina da variedade humana.

Ele foi criticado por alguns membros conservadores da comunidade judaica por embaçar as distinções entre o judaísmo e as outras religiões e, especialmente, por expressar o sentido de que Deus falou aos povos de todas as religiões. Os pontos de vista por ele expressos em seu livro certamente foram longe demais para os ultraortodoxos, que argumentaram ser incompatível com o judaísmo sugerir que a fé judaica não contenha a verdade absoluta, única e exclusiva.

Sacks se refere a essa experiência como um dos períodos mais difíceis de sua vida, mas que "alguns dos maus momentos, em retrospecto, foram os mais valiosos de todos". Embora tenha corrigido algumas das palavras numa segunda edição do livro (inspirado pela reação irada de alguns judeus liberais de opinião que ele transigira excessivamente), ele olha para os acontecimentos de 2002 afirmando que "em nosso mundo interligado, precisamos aprender a nos sentir ampliados, não ameaçados, pela diferença".

Andrea Rita Dworkin

> Quando lhe perguntaram de que modo sua origem judaica influenciara sua política feminista, Dworkin, disse: "Quando se é uma minoria numa cultura de maioria, é preciso aprender a se defender sozinha."

Andrea Dworkin, nascida em 1946, foi uma feminista radical e controversa, que defendia a resistência contra o machismo e o antissemitismo. Dedicou a vida à luta contra o que considerava subordinação da mulher, especialmente no casamento e na pornografia.

Ela cresceu em Nova Jersey, numa família operária de tendências esquerdistas e creditava à sua herança judaica, inclusive aos parentes que sobreviveram ao Holocausto, sua tomada de consciência do sofrimento humano e do machismo. A militância ela atribuiu às repetidas leituras do livro de Ernesto Che Guevara, *A guerra de guerrilhas*.

Dworkin teve uma criação judaica conservadora em Delaware. Embora adorasse a escola hebraica e tenha até recebido um prêmio por seus trabalhos, ela não teve um *bat mitzvah*, porque naquele tempo as meninas não eram chamadas para a Torá palo movimento conservador. Por mais que ela adorasse ler, e leitura judaica especificamente, não havia possibilidade de uma mulher se tornar rabina naquela época. Isso a instigou a abandonar a escola hebraica e levar uma vida secular.

Comentava que foi por ter de cantar "Noite Feliz" na época de Natal que ela acabou se tornando uma ativista. "Eu achava que ninguém poderia me forçar a cantar", ela dizia. Mesmo quando uma professora judia a repreendeu, dizendo-lhe: "Eu canto, então você também consegue", Dworkin não permitiu que as palavras lhe cruzassem os lábios. Chamando a professora de "judia vira-casaca", Dworkin escreve: "Foi minha primeira experiência com uma colaboradora mulher, ou pelo menos a primeira de que me recordo." O incidente levou a rabiscos antissemitas em seus trabalhos escolares, além de um castigo por parte da professora.

Em seu livro, *Scapegoat* [Bode expiatório], ela argumenta que tanto judeus como mulheres são grupos que foram vitimizados, tirando exemplos do Holocausto para ilustrar a questão. Em *The Jews, Israel, and Women's Liberation* [Os judeus, Israel e a liberação feminina], Dworkin escreveu que a "violência oriunda do antissemitismo e do ódio pelas mulheres é semelhante". Ela também argumenta que o sionismo transformou Israel em uma sociedade de espancadores de mulheres que efeminou os palestinos para oprimi-los. Não é de surpreender que ela tenha se tornado uma figura extremamente controversa na comunidade judaica.

Seu modelo lésbico de militância feminista também trouxe discórdia ao movimento, e ela foi descrita como a versão feminina de Malcolm X. Famosa por suas posições francas sobre vários assuntos que vão da violência homem-mulher ao estupro e relacionamento sexual, a posição intransigente de Dworkin levou a duras críticas, não só dos liberais, preocupados com suas tentativas de aprovar leis contra a pornografia, mas também de feministas. "Acho que a Hillary deveria matar o Bill e depois o presidente Gore deveria perdoá-la", escreveu no início de 1998, no auge do caso Monica Lewinsky.

Talvez a melhor maneira de descrever Andrea Dworkin seja uma combinação de profeta do Velho Testamento com ícone feminista, alguém em quem se projeta uma quantidade desproporcional de adulação e aversão. Carecendo de boa saúde, ela morreu em 2005.

Essas cinco personalidades judias bem conhecidas ilustram que os judeus podem levar suas vidas de diversos modos. Cada um abraçou o judaísmo como parte de suas vidas. A diversidade da vida judaica talvez seja melhor ilustrada pela seguinte história:

> Um judeu viaja de Israel para os Estados Unidos. Ao retornar, conta a um amigo algumas das coisas impressionantes que viu. "Conheci um judeu que se criou numa yeshivá e sabia grandes seções do Talmude de cor. Conheci um judeu que era ateu. Conheci um judeu que era dono de um grande negócio e conheci um judeu que era comunista fervoroso." "Então o que é tão estranho?", perguntou o amigo. "A América é um país enorme e milhões de judeus moram lá." "Você não entendeu", responde o homem. "Era o mesmo judeu."

6

O que fazem os judeus?

A Sinagoga

A palavra sinagoga deriva do grego *synagoga*, que significa "congregar". Assim como é local para culto e oração, também é local de encontro e estudo, como indica o nome hebraico *Beit Knesset*, "casa de reunião". Talvez a melhor forma de descrever a sinagoga seja como um prédio comunitário com função social e religiosa: um local que abriga oração, estudo e educação, serviço assistencial, assim como atividade social.

> Toda semana, no Shabat, inicia-se uma discussão numa sinagoga, quando é lida a mais importante oração da liturgia judaica, o Shemá. Assim que as primeiras palavras "Ouve, Israel, o Senhor nosso Deus é o único Senhor" (Deuteronômio 6:4) são pronunciadas, metade da congregação, originária

de uma parte da Diáspora, se levanta, enquanto a outra metade, originária de algum outro lugar, permanece sentada. As pessoas que estão sentadas gritam "sentem" para as que estão de pé, e estas gritam "levantem-se" para as que estão sentadas. O rabino, incapaz de controlar os procedimentos, visita um dos membros fundadores da sinagoga para se aconselhar: "Originalmente a tradição era que a comunidade se levantasse durante o Shemá?", pergunta o rabino. "Não. Não era a tradição", responde o mais velho. "A tradição era que a comunidade ficasse sentada durante o Shemá?" Novamente o mais velho responde: "Não." O rabino suspira e explica sua situação. "Todas as semanas, na sinagoga, as pessoas que estão de pé gritam para as que estão sentadas e as que estão sentadas, gritam para as que estão de pé e..." "Ah," interrompe o mais velho, *"essa* era a tradição".

Os prédios das sinagogas variam, de estruturas construídas para esse propósito a locais de culto de outras fés que foram adaptados para uso judaico ou então são salas dentro de casas particulares. Costumam se localizar à distância de uma curta caminhada das casas judaicas, visto que é vetado aos judeus ortodoxos dirigir no Shabat.

A característica mais importante do interior da sinagoga é a "arca" (um acróstico do hebraico *Aron Kodesh*, que, literalmente, significa "tabernáculo" ou "armário sagrado"). Trata-se de um pequeno armário ou reentrância na parede, onde se guardam os rolos da Torá. A arca costuma se localizar no lado voltado para Jerusalém. Acima da arca fica o *ner tamid*, a chama eterna, que simboliza o mandamento de manter uma luz ardendo no tabernáculo fora da arca da aliança.

Na Idade Média, na Europa cristã, as sinagogas se localizavam dentro do gueto do bairro judeu (denominado "o Jewry" na Inglaterra, onde nunca se instituíram guetos formais). Os judeus ingleses geralmente preferiam morar nas cercanias do palácio real, onde estavam sujeitos à proteção da Coroa.

As sinagogas existiam em Israel e nas comunidades judaicas além de suas fronteiras durante o período do Segundo Templo (536 a.e.c.-70 e.c.). Segundo a Bíblia, os judeus deveriam fazer uma peregrinação ao Templo de Jerusalém três vezes por ano, embora muitos, mesmo os que moravam em Israel, não fossem ao Templo com essa frequência. A mais antiga evidência arqueológica de uma sinagoga data do século III a.e.c. no Egito e, até o século I a.e.c., já era uma instituição espalhada por Israel e pela Diáspora.

A sinagoga como é conhecida hoje evoluiu principalmente após a destruição do Templo em 70 a.e.c., embora seu projeto e grande parte de seu simbolismo derive daquele prédio original. Na literatura rabínica, a sinagoga é até chamada de "pequeno Templo". Alguns dos termos usados nos serviços do Templo foram adotados e transferidos para a sinagoga. Por exemplo, a palavra hebraica *avodá* ("serviço"), que se refere ao serviço no Templo (i.e., sacrifício), foi substituída por serviço do coração (i.e. oração) na sinagoga.

O mais importante é que a sinagoga era uma instituição democratizadora, pois deixou o culto judaico ao alcance de todos os judeus, não só dos que podiam visitar o Templo. Visto que nenhum sacrifício podia ser realizado numa sinagoga, o culto não precisava ser conduzido por sacerdotes. Como os sacrifícios foram substituídos por orações, os devotos podiam participar em vez de serem meros espectadores, como haviam sido no Templo.

Como Casa de Oração, o culto se realiza principalmente em hebraico, embora os livros de oração sejam geralmente em hebraico e no vernáculo local (e na sinagoga progressista o serviço é, em sua maior parte, no vernáculo). Os judeus devem rezar como indivíduos e como família; e devem também rezar como comunidade. Na verdade, certas orações só podem ser feitas na presença de um *minyan* (segundo o judaísmo ortodoxo, um *quorum* de dez homens adultos) e há a visão tradicional de que é mais benéfico rezar em grupo do que rezar sozinho. Homens e mulheres se sentam separadamente nos serviços ortodoxos, mas nas sinagogas progressistas todos se sentam juntos. Os homens devem cobrir a cabeça em ambos os serviços.

Como Casa de Estudo, a sinagoga é um centro para a análise de textos judaicos, uma tarefa de duração vitalícia. Como disse Albert Einstein, "A sabedoria não é produto da escolaridade, mas de uma vida inteira na tentativa de adquiri-la." A sinagoga geralmente inclui uma boa biblioteca, sendo este o local onde as crianças recebem sua educação religiosa básica. Na minha sinagoga, os membros da comunidade costumam se reunir uma hora antes dos serviços para estudar a leitura semanal da Torá. Há também aulas regulares em hebraico (tanto bíblico quanto moderno), assim como aulas para futuros convertidos ao judaísmo. É comum também que as sinagogas ortodoxas ofereçam aulas para o estudo do Talmude e de outros textos judaicos. A aula mais popular envolvendo o Talmude que frequentei quando estudante chamava-se "Almoce e aprenda com os rabinos". *Bagels** e estudo se complementavam muito bem.

Como Casa de Reunião, a sinagoga oferece à comunidade uma dimensão social, incluindo atividades religiosas e não religiosas. Costuma abrigar, por exemplo, clubes para jovens e também para idosos, assim como eventos sociais para os congregados. A sinagoga também funciona como uma agência de bem-estar social, às vezes trabalhando em conjunto com as igrejas locais, para recolher e distribuir dinheiro e outros itens de auxílio aos pobres.

A sinagoga é geralmente dirigida por um conselho de diretores. Não se fazem coletas durante os serviços. As sinagogas são financiadas por taxas anuais de associação e doações voluntárias. O conselho é responsável por empregar um rabino para a comunidade. No entanto, a sinagoga pode existir sem um rabino: os serviços religiosos podem ser, e muitas vezes são, conduzidos em sua totalidade ou em parte por leigos. Diferentemente dos líderes de muitas outras fés, o rabino não é um sacerdote e não possui um status religioso especial, como sugere a seguinte história.

---

*Bagel é um pão em forma de rosca. (N. do T.)

EM QUE ACREDITAM OS JUDEUS?

Um rabino sofre um infarto e fica confinado no hospital por várias semanas. Um dia, o diretor-chefe do conselho da sinagoga o visita e diz: "Desejo comunicar-lhe, rabino, que o conselho votou uma resolução desejando-lhe uma recuperação rápida." O rabino sorri em apreço. O diretor continua: "E foi aprovada por doze votos contra nove."

Oração

Um rabino bem conhecido e um motorista de táxi chegam juntos aos portões do céu. O anjo no portão faz sinal para que o motorista passe e depois se volta para o rabino e, triste, faz que não. "O que é isso?", pergunta o rabino. "Sou um rabino culto e ele não passa de um motorista de táxi que, para ser bem sincero, dirigia feito um maluco." "É isso mesmo", retrucou o anjo. "Quando você falava, as pessoas dormiam. Mas quando elas entravam no táxi dele, acredite, rezavam!"

Em hebraico o verbo rezar, *hitpalel*, literalmente significa "trabalhar em si mesmo", demonstrando que a oração mais beneficia o devoto que a Deus. A oração, para os judeus, é um ato de introspecção e transformação pessoal. Não se trata de mágica e nem de uma tentativa de curvar o mundo ao nosso desejo.

Ao contrário, ela nos ajuda a perceber elementos que de outro modo nem daríamos atenção. Ao ver as coisas de modo diferente, talvez se comece a agir de modo diferente. A oração judaica sempre começa com o louvor a Deus e sua imagem retórica é a de um devoto que aborda Deus diretamente.

Durante o exílio babilônico, no século VI a.e.c., os judeus não podiam oferecer sacrifícios no Templo, então a oração se tornou um substituto. Quando a Bíblia ordena que os judeus sirvam a Deus "com todo o teu coração", os rabinos foram indagados: "O que é serviço com todo o coração?" Eles responderam: "É a oração." Ou, como disse o profeta Oseias: "Oferecer os nossos lábios em vez de novilhos."

Tradicionalmente os judeus rezam três vezes ao dia, correspondendo aos três sacrifícios diários realizados durante a época do Templo. Há um serviço adicional de orações no Shabat e em certos feriados, correspondendo aos sacrifícios adicionais daquele tempo. A unidade básica da oração judaica é a bênção, que tem o poder de transformar um ato cotidiano num ato que represente o reconhecimento do papel de Deus no mundo.

Algumas orações que foram originalmente compostas nos tempos bíblicos ainda são usadas atualmente, como o Shemá, que era recitado pelos sacerdotes do Templo, juntamente com os Dez Mandamentos e diversas bênçãos. Outras orações, como a *Amidá* (que significa "ficar de pé", pois é assim que os judeus ficam durante a recitação), foram elaboradas no período pós-bíblico. Essa oração também é chamada de *Shemone Esrei* (que significa "dezoito" e se refere às dezoito bênçãos originalmente contidas na oração) e pode ser dividida em três categorias: louvor, súplica e agradecimento a Deus.

Assim como a oração, o serviço judaico inclui o ensino. Esse componente do serviço existe desde os primeiros tempos bíblicos. O profeta Isaías, por exemplo, descreve como as pessoas se reuniam no Templo para receber instrução e rezar. No período do Segundo Templo, Neemias descreve como Esdras recitava e traduzia passagens do Pentateuco para benefício de toda a comunidade.

A prática continua até hoje e a leitura da Torá escrita (Os Cinco Livros de Moisés) e dos Profetas (conhecida como Haftará) é característica central do serviço da sinagoga. A Torá se divide em seções, de modo que se uma seção for lida toda semana, a leitura poderá se completar em um ano. Elas são lidas às segundas e quintas nas sinagogas ortodoxas, e no sábado e em alguns feriados em todas as sinagogas. A Torá desfila pelo santuário antes de descansar sobre o *bimá* ("pódio") e considera-se uma honra ser chamado para recitar uma bênção (*Aliá*) da leitura.

A Torá era vista pelos rabinos como a fonte da liberdade e do bem — e da própria vida. Chegou até a ser descrita como preexistente (semelhante, talvez, à compreensão cristã do Logos). Às vezes, Deus é retratado aconselhando-se com a Torá; é assim que alguns rabinos interpretam Gênesis 1:26 e a fala divina: "Façamos o homem." Em outras ocasiões, a Torá foi descrita como a "filha de Deus" ou a "noiva de Israel". Já foi até retratada argumentando com Deus em favor de Israel, especialmente quando Israel pecou. Ao aceitar a Torá, Israel se diferencia das outras nações e se torna "eleito".

A Torá impõe a cada judeu a tarefa de estudar os ensinamentos de Deus, o que foi interpretado como significando que o ensino público da Torá deve fazer parte da liturgia da sinagoga. A Torá não é lida (ou cantada, nas sinagogas mais tradicionais) só em hebraico, mas também traduzida. Mesmo nos tempos bíblicos, quando se falava o aramaico em vez do hebraico, as traduções da Torá geralmente incluíam um elemento de interpretação.

Existe, é claro uma linha bem tênue entre tradução e interpretação. Uma questão favorita para os trabalhos dos meus alunos é: "Toda tradução é interpretação. — Discuta." Os rabinos sabiam das dificuldades de traduzir e comentavam: "Aquele que traduz um versículo com estrita literalidade é um falsificador e aquele que lhe faz um acréscimo é um blasfemo."

A leitura da Torá e da Haftará é seguida por uma homilia ou sermão, geralmente feito por um rabino. Conta-se uma história de dois congregados que comparavam os sermões feitos por seus respectivos rabinos. O primeiro exalta seu rabino, explicando como ele consegue falar por uma hora sobre um assunto. O companheiro ri e exclama: "Isso não é nada. O meu rabino consegue falar por duas horas sobre nada."

Após o serviço da Torá, são recitadas as orações finais. Elas terminam com a reza dos enlutados, chamada *kadish*, que significa santificação. Essa oração exalta a Deus e expressa a esperança da fundação do reino de Deus na terra. É recitada em funerais e na sinagoga. Espera-se que os filhos rezem o kadish por onze meses após a morte do pai ou da mãe e também no aniversário de morte (chamado *yahrzeit*). Na maioria das sinagogas é usual ficar de pé durante o kadish, embora só os próprios enlutados entoem a oração, enquanto o restante da congregação faz coro.

Questões futuras

No início deste livro, fiz uma descrição tríplice dos judeus: como comunidade religiosa, como povo baseado na terra e como cultura. Nesta seção conclusiva descreverei uma questão principal para o futuro do judaísmo a partir de cada uma de suas perspectivas. Espero que o leitor perceba que cada questão é relevante para todos os aspectos da vida judaica atual.

O encontro com o Outro: a questão sob uma perspectiva religiosa

> Quando o estrangeiro viver convosco na vossa terra, não o oprimireis. O estrangeiro que vive convosco deverá ser tratado como um natural da terra. Amá-lo-eis como a vós mesmos, pois estrangeiros fostes na terra do Egito. Eu sou o Senhor vosso Deus. (Levítico 19:33-34)

Segundo Jonathan Sacks, a ordem de amar nossos vizinhos impele os judeus a abraçar a "dignidade da diferença" e a conhecer pessoas de outras crenças ou sem fé, de conhecê-las francamente, compartilhando e expondo toda a nossa consciência religiosa um ao outro. Essa abordagem religiosa ao diálogo inter-religioso tenta falar com o Outro com total respeito pelo que o Outro é e tem a dizer.

Nos tempos modernos, três pensadores judeus europeus, ambos ativos no diálogo inter-religioso, refletiram sobre o assunto. Franz Rosenzweig argumentou que a verdade podia existir de duas formas, no judaísmo e no cristianismo. Em 1913, após seus primos próximos, Hans e Rudolf Ehrenberg, e seu amigo Eugen Rosenstock terem se convertido ao cristianismo, ele também se deparou com a decisão de ser ou não batizado. Antes de dar esse passo, estudou o judaísmo e participou dos serviços dos Dias Sagrados. Decidiu então permanecer judeu e escreveu ao primo Rudolf, explicando sua decisão: "Concordamos com o significado de Cristo e de Sua Igreja no mundo: ninguém vai ao Pai a não ser por meio dele. Ninguém *vai* ao Pai — mas é diferente se a pessoa não precisa ir ao Pai porque ela já *está* com Ele."

A famosa resposta de Rosenzweig a João 14:6 ("Ninguém vem ao Pai senão por mim") introduz uma questão crucial para os judeus em diálogo com os cristãos em particular e com outras fés em geral. Os judeus esperam que os cristãos vejam o judaísmo como uma religião válida em seus próprios termos e que reflitam sobre a notável sobrevivência do povo judeu e a vitalidade do judaísmo há mais de dois mil anos. Mas as questões também devem ser consideradas do lado oposto. Por exemplo, qual foi o propósito por trás da invenção do cristianismo? Qual é o significado do fato de que dois bilhões de cristãos leiam a Bíblia judaica? Será que o fato de Jesus ser judeu tem alguma implicação para os judeus? É sabido que nós judeus temos orgulho de figuras como Abraão, Moisés, Hilel, Rashi, Maimônides e assim por diante; contudo, o judeu mais famoso de Israel, Jesus, costuma ser ignorado. Atualmente, em um clima bem mais livre no que concerne às relações judaico-cristãs, será que não é hora de haver maior interesse judaico no Jesus judeu?

Para Rosenzweig, o amor dos humanos por Deus se concretiza pelo amor ao próximo. Redenção é a situação em que o "eu" aprende a dizer "você" a um "ele" ou "ela". Judeus e cristãos têm missões diferentes, mas só juntos formam a "estrela da redenção" (o título de seu famoso livro).

Martin Buber sofreu significativa influência de Rosenzweig, dizendo ter uma relação com Jesus como um "irmão mais velho". O papa João Paulo II abraçou boa parte da teologia de Buber, especialmente a descrição da aliança de Deus. Durante uma visita à Alemanha em 1980, o papa enfatizou o significado do diálogo como "o encontro entre o povo de Deus da Antiga Aliança, nunca revogada por Deus (cf. Romanos 11:29), e aquele da Nova Aliança". Em sua oração por perdão, deixada no Muro Oeste de Jerusalém em março de 2000, o papa chamou os judeus de "povo da Aliança". Nesse reconhecimento papal, pode-se ver o efeito de Buber no diálogo judaico-cristão.

Em 1923 Buber publicou sua maior obra, *Eu e tu*, começando a fazer conferências sobre filosofia judaica e ética na Universidade de Frankfurt. Apoiou ativamente os judeus alemães que estavam sendo perseguidos pelos nazistas. Em 1938 emigrou para Jerusalém e foi nomeado professor de filosofia social na Universidade Hebraica.

Em sua exposição da relação Eu-Tu, Buber sustentou que uma relação com Deus só é verdadeiramente pessoal quando não nos sentimos sobrepujados e oprimidos nela. Isso tem implicações no encontro humano — significa que duas pessoas devem se encontrar como dois "centros de interesse" válidos. Assim, um deve abordar o Outro com respeito e moderação, de modo que a validade de suas posições não seja menosprezada.

Por fim e mais recentemente, o pensador judeu Emmanuel Levinas buscou o sentido da vida em sua obra sobre o tempo e o amor. Segundo Levinas, o tempo é uma função da relação humana com outra pessoa. Ele disse que o tempo é "a própria relação de um sujeito com o outro". Reconheceu que a principal ocupação de um indivíduo é tomar conta de si próprio. Mas isso não é um convite ao egoísmo. Pelo contrário, é a satisfação pela relação com o outro. Ele acreditava que "a existência de Deus é uma história sagrada por si mesma, a sacralidade da relação entre um homem com o outro através da qual Deus consegue passar".

Para Levinas, a face do outro introduz e enfatiza o compromisso ético. Quando as pessoas olham umas para as outras, elas veem não só dois rostos, mas também os rostos das outras pessoas, o rosto da humanidade. A relação vai além do "eu-tu", sendo mais "nós-vós", acarretando uma responsabilidade pela outra pessoa. Levinas salienta que "não pode haver 'conhecimento' de Deus separado da relação com os seres humanos. O Outro é o verdadeiro foco da verdade metafísica e é indispensável para minha relação com Deus".

A continuidade do judaísmo: a questão sob a perspectiva secular

> Isaías representou a quintessência do judeu de diversas formas. Ele advertiu os judeus a desconfiarem daqueles que creem possuir a verdade. Enfatizou também os valores da liberdade e do pluralismo, que mostram o caminho para uma boa vida. Seu nome completo era Isaías Berlin.

Os judeus seculares entendem o judaísmo como a história, a cultura, a civilização, os valores éticos e as experiências compartilhadas do povo judeu. Sua ligação com a própria herança está nos idiomas, na literatura, na arte, na dança, na música, na alimentação e nas celebrações do povo judeu. Não são apenas — ou nem mesmo — as crenças religiosas que os interligam, mas toda a civilização de sua extensa família judaica.

Um número cada vez maior de judeus que se identificam como não religiosos enfrenta o mesmo desafio dos judeus religiosos: a necessidade de celebrar a identidade judaica e, ao mesmo tempo, de transmiti-la à próxima geração.

Há um pequeno, mas crescente movimento humanista secular em Israel que enfatiza a importância da tradição cultural judaica, desde a Bíblia até Buber, em um esforço para atrair os israelenses seculares desinteressados da religião. O rabino humanista americano, Adam Chalom, também assumiu esse desafio e iniciou um estudo secular do Talmude. Seu programa online, "Não o Talmude do seu pai", possibilita aos judeus se familiarizarem com o Talmude sob uma perspectiva humanista. O nome do portal, *www.apikorostalmud.blogspot.com*, um título escolhido com cuidado, deriva do filósofo grego Epicuro. Para os judeus religiosos, *apikoros* é o agnóstico ou livre-pensador que nega a justiça divina e a vida após a morte.

A primeira rabina humanista de Israel, Sivan Maas, foi ordenada em 2004. Seu objetivo é fazer com que os judeus seculares se liguem uns aos outros e à sua herança. Ela sustenta que a tradição judaica sempre foi um empreendimento em evolução, observando que o termo hebraico *Halachá*, lei judaica, vem da mesma raiz do verbo "andar". "Quando você está andando, está mudando o tempo todo. Foi só quando a *Halachá* parou de andar que o judaísmo se tornou irrelevante para muitos. Ou, se formos honestos, para a maioria das pessoas", ela diz.

Nos últimos cem anos, muitas pessoas têm afirmado que o desafio predominante enfrentado pelos judeus foi o de construir o Estado de Israel e assegurar a sua sobrevivência. Foi um desafio extraordinário reunir um povo exilado por dois mil anos, levá-lo de volta para Israel e fundar um Estado soberano. Durante esse tempo, os judeus conseguiram ficar agarrados ao sonho de um Estado judaico, mesmo em face do antissemitismo e do Holocausto.

Atualmente, o antissemitismo continua e pode até estar aumentando. Continua provocando cicatrizes e ferimentos, o que domina grande parte do pensamento judaico. Ao mesmo tempo, o povo judeu é amplamente admirado por sua ênfase na vida familiar, apoio comunitário, contribuições a causas beneficentes e na prioridade que dá à educação. São também admirados pelo humor judaico:

> Como é estranho
> Deus
> ter escolhido
> os judeus
> (Atribuído a Hilaire Beloc)

> Mas não tão estranho
> Quanto os que escolhem
> Um Deus judaico
> Mas desprezam os judeus
> (uma resposta de Cecil Browne)

Nada estranho
que a Deus
os góis
aborreçam.
(resposta seguinte do autor judeu, Leo Rostein)

Atualmente há um novo desafio urgente: o desafio da continuidade judaica. Entre 1985 e 1990, 57% dos judeus norte-americanos se casaram com não judeus. Na Grã-Bretanha, durante o mesmo período, esta taxa foi de 44%. O que pode ser feito para que casais não judeus se sintam bem-vindos? A continuidade judaica não é um problema só na Diáspora. É um problema em Israel também. Ao mesmo tempo que a Diáspora vivencia um aumento de casamentos mistos e do número de judeus que abandonam o judaísmo, Israel passa pela perda do conhecimento e dos valores judaicos.

Uma resposta tem sido o aumento na ênfase em educação judaica. Contudo, embora os judeus sejam bem conhecidos por valorizar a educação, não é suficiente que as crianças judias frequentem escolas judaicas. A educação pode trazer conhecimento, mas não resulta necessariamente em compromisso. O maior presente que os judeus podem dar à próxima geração é mostrar o que valorizam.

Se os judeus tiverem orgulho do judaísmo, seus filhos também terão. Devemos nos orgulhar de ser o que somos. A herança judaica é rica; é um legado que merece ser repassado.

A conquista da paz: a questão dos judeus israelenses

> Acaso poderão reviver estes ossos? Assim diz o Senhor teu Deus: "Eis que abrirei as vossas sepulturas, e vos farei sair delas, ó povo meu, e vos trarei à terra de Israel... Porei em vós o meu Espírito e vivereis." (Ezequiel 37:3,12,14)

Grande parte da história de Israel diz respeito a vencer guerras diante de muita hostilidade. No entanto, os judeus israelenses têm consciência de que um futuro bem-sucedido pode depender de uma tarefa ainda mais difícil: conquistar a paz.

Israel obteve grandes vitórias militares, nenhuma maior que a Guerra dos Seis Dias em 1967, quando o Estado parecia estar numa situação sem saída. Sob a pressão árabe e com uma grande concentração de exércitos árabes, as forças de paz da ONU deixaram a península do Sinai e o golfo de Acaba foi fechado para as embarcações israelenses. Israel se mobilizou e em poucos dias a situação estava totalmente transformada. O exército israelense defendeu heroicamente seu país contra uma superioridade aparentemente esmagadora.

Entretanto, as qualidades que vencem guerras não são necessariamente as mesmas que conquistam a paz. Por um lado, vencer guerras costuma resultar em uma tendência a glorificar as proezas militares, levando a uma autoconfiança e crença em si mesmo que beiram a arrogância, sendo pouco saudáveis. Por outro, a guerra inevitavelmente produz animosidade e ódio, sendo que nada disso proporciona um alicerce sobre o qual se possa construir a paz. A maior parte dos palestinos que vive na Cisjordânia desde 1967 só conheceu a ocupação e o poder israelense. Certamente não é de admirar que as atitudes de muitos sejam tão negativas em relação a Israel.

Com certeza, os israelenses estão certos ao reconhecer que seu país deve permanecer armado enquanto houver perigo de outras agressões dos vizinhos ou superpotências regionais. A ameaça do Irã em 2005 de "varrer Israel do mapa mundial" serve para reforçar essa perspectiva. É bem possível que os israelenses estejam certos ao se agarrarem às conquistas territoriais até haver um amplo acordo de paz; mas afinal, não haverá segurança para Israel até que ressentimentos mútuos sejam substituídos por confiança mútua. Para conquistar a paz, Israel precisa não só fazer concessões territoriais, como fez ao devolver o Sinai ao Egito (1979) e sair de Gaza (2005), mas também se empenhar para construir pontes de compreensão e amizade entre cidadãos israelenses e palestinos, em particular, e árabes em geral.

Há mais de um século Israel passa por um teste militar após outro. Até muito recentemente os Estados árabes não queriam a paz com Israel. Rejeitaram o plano divisório de 1947 e por muitos anos negaram o direito de existência de um Estado judaico. Alguns ainda o negam, e a eleição vitoriosa do Hamas em 2006 é uma sóbria lembrança daquele tempo. No entanto, a visita histórica de Sadat a Israel, em 1977, e as boas-vindas calorosas que ele recebeu do público israelense deixaram claro que a paz é uma possibilidade real. Desde então tem havido surtos de paz evidenciados pela assinatura de tratados com a Jordânia e a OLP.

Não há dúvida de que há árabes, sejam quais forem seus passados, que genuinamente desejam a paz. Sem dúvida há outros que ainda procuram a destruição do Estado judaico. Contudo, diante dessa hostilidade contínua, os israelenses devem ter em mente a coragem de líderes como Anwar Sadat que, como

Yitzhak Rabin, perdeu a vida nas mãos de um compatriota por causa de seu desejo pela paz.

Se houver desejo de paz de ambos os lados, a primeira condição para sua obtenção já foi alcançada. Entretanto, há uma segunda condição, que foi seriamente testada nas últimas décadas. A conquista da paz requer comprometimento e concessões de todos os lados. Esse não é um chamado ao pacifismo. Como disse William Ralph Inge: "É inútil que o carneiro aprove resoluções a favor do vegetarianismo enquanto o lobo continua tendo uma opinião diferente."

Na raiz do problema há um choque entre dois povos que reivindicam o mesmo pedaço de terra.

> Havia dois irmãos. Cada um deles possuía um campo, mas cada um queria a metade que não tinha e nenhum estava disposto a dar sua metade. Chamaram um rabino conhecido por sua sabedoria. Ele se deitou com o ouvido na terra sob uma árvore e parecia ter adormecido. Após algum tempo, os irmãos ficaram impacientes, reclamando que o rabino estava perdendo tempo. Mas este lhes disse que estivera escutando o chão, que por sua vez lhe dissera que nenhum deles possuía aquele solo. O solo é que os possuía. Um dia, ele disse, eles estariam dentro dele.

EM QUE ACREDITAM OS JUDEUS?

O conflito não se resolverá a longo prazo por meios militares, mas somente pelo compromisso político e concessões territoriais. Para quem vê de fora, parece óbvio o que deveria acontecer: uma autonomia limitada deve evoluir para uma independência e finalmente uma federação de Estados, inicialmente formada por Israel, Palestina e Jordânia, o que talvez pudesse levar a uma comunidade econômica de Estados do Oriente Médio.

Em algum ponto do futuro, moralidade e conveniência coincidirão, e israelenses e palestinos terão a oportunidade de levar paz à região. Isso libertará Israel da intolerável perspectiva de dominar a população árabe cada vez mais numerosa e ressentida da Cisjordânia. Talvez essa tenha sido a razão que levou Ariel Sharon a ordenar a evacuação de Gaza.

Alguns dos críticos mais vociferantes da retirada de Gaza foram os judeus israelenses estritamente religiosos, que acreditavam ser proibido desistir de qualquer dos territórios ocupados e se opunham ao processo de paz. Eles questionavam de que modo os judeus religiosos poderiam apoiar o processo de paz e entregar uma terra que Deus lhes prometera. Uma reação religiosa oposta, articulada, entre outros, pelo rabino chefe Jonathan Sacks, sugeriu que ocupar e deter essa terra dada por Deus é uma tarefa teórica, mas que, na prática, é preciso abrir mão dela, ou de qualquer outro mandamento, diante do imperativo predominante de salvar a vida. É isso que se requer para conquistar a paz.

A conquista da paz é do interesse de Israel, como a vasta maioria dos judeus reconhece. O Estado de Israel sobreviveu e prosperou porque conseguiu resistir a décadas de ataques. Ele venceu as batalhas militares. Sua sobrevivência futura também depende, agora, da conquista da paz.

Glossário

Preparado por Rachel Davies

Aliá: "Ascensão" hebraica. 1 Imigração para Israel, 2 Ser chamado para recitar a bênção sobre a leitura da Torá na sinagoga.
Amidá: "Ficar de pé" em hebraico. Oração recitada três vezes por dia; também chamada *Shemone Esrei*, "dezoito" bênçãos.
Antissemitismo: Ódio dos judeus.
Aramaico: Antigo idioma semita falado por judeus no final do período do Segundo Templo; principal idioma do Talmude.
Asquenaze(s): Judeus originários da Alemanha e da Europa Central e Oriental.
Bar/bat mitzvá: "Filho/filha do mandamento" em hebraico. Cerimônia da passagem para a vida adulta. Para meninos aos 13 anos e para meninas aos 12 ou 13 anos.
Cabala: "Receber" em hebraico. Tradição mística judaica.
Charedi ou ver **Asquenaze(s):** "Temeroso" em hebraico. Denominação para os judeus praticantes rígidos; às vezes chamados de "ultraortodoxos".

Chasid: "Piedoso" em hebraico. Refere-se aos membros do movimento fundado por Baal Shem Tov na Polônia do século XVIII.

Diáspora: Termo coletivo para as comunidades judaicas fora de Israel.

Galut: "Exílio" em hebraico. Ver *Diáspora*.

Haftará: Leitura dos Profetas no serviço da sinagoga no Shabat e nas festividades.

Halachá: Lei judaica da raiz hebraica *halach*, "andar".

Haskalá: "Iluminismo" em hebraico. Iluminismo judaico, que contribuiu para a emancipação judaica na Europa do século XIX.

Iídiche: Idioma historicamente falado pelos judeus da Europa Central e Oriental; fusão principalmente do alemão com o hebraico.

Israel: "Luta com Deus" em hebraico. 1 Povo, nação de Israel, 2 Terra da Bíblia, 3 Estado de Israel, fundado em 1948.

Judaísmo Conservador: Vertente não fundamentalista com ênfase na observação da tradição; também chamado judaísmo *Masorti* ("tradição").

Judaísmo Liberal: A vertente moderna mais radical; *Halachá* considerada como não obrigatória.

Judaísmo Ortodoxo: Denominação tradicional do judaísmo moderno.

Judaísmo Reformista: Posição liberal do judaísmo moderno; *Halachá* considerada como não obrigatória.

Kashrut: Leis dietéticas judaicas.

Kibutz: Colônia agrícola coletiva em Israel.

Midrash: "Procura" em hebraico, "investigação", "exposição", "preenchimento de lacunas nas histórias das escrituras", "dedução das mensagens delas".

Minyan: Quórum de dez adultos do sexo masculino exigido pelo judaísmo ortodoxo para a oração pública ou leitura da Torá.

Mishná: Texto do século II, primeiro registro da Lei Oral.

Mitzvá: Ação estabelecida pela *Halachá*; popularmente se refere a qualquer ato de bondade.

Ner tamid: Lâmpada eterna que simboliza o mandamento de manter uma luz acesa no tabernáculo fora da Arca da Aliança.

Rabino: Da raiz hebraica *rav* "grande". Refere-se aos antigos sábios ou, atualmente, à pessoa ordenada. As mulheres podem ocupar a posição de rabino nos movimentos Liberal, Reformista e Conservador.

Sefardita(s): Judeus originários da Espanha e Norte da África.

Shabat: O Shabat judaico, a partir do pôr do sol de sexta-feira até o pôr do sol de sábado.

Shechiná: "Presença" em hebraico. Presença feminina divina e imanente.

Shemá: Oração mais conhecida, recitada duas vezes ao dia, inicia-se por *Shemá Israel,* "Ouve, ó Israel"; do Deuteronômio 6:4-9.

Shoá: "Destruição" em hebraico. Termo preferido a Holocausto.

Shtetl: Do iídiche "cidade pequena". Agora usado em referência ao mundo perdido da colônia judaica da Europa Oriental.

Sinagoga: Do grego *synagoga* "reunir". Local judaico de culto, estudo e reunião.

Talmude: Compilação das discussões rabínicas realizada no século V; tradicionalmente considerada inquestionável.

Tanach: Acróstico de T-N-K, Torá, *Nevi'im* "Profetas" e *Ketuvim* "Escrituras".

Torá: A Torá escrita se refere ao Pentateuco. O termo pode também significar a Torá oral, o Talmude e, por extensão, estudos religiosos até a atualidade.

Yeshiva: Institutos essencialmente ortodoxos para o estudo das escrituras judaicas.

Calendário das festividades judaicas

Mês	Festival	Descrição
1º *Tishrei*	*Rosh Hashaná* "Cabeça do Ano"	Ano Novo. Tempo de reflexão.
10 *Tishrei*	*Yom Kipur* "Dia do Perdão"	Dia da Expiação. Tempo de jejuar e se arrepender.
15 *Tishrei*	*Sucot* "Cabanas"	Festividade da colheita de outono. Celebra as cabanas temporárias durante a caminhada dos israelitas pelo deserto.
22 *Tishrei*	*Shemini Atzeret* "Oitavo dia de reunião"	Marca o fim do Sucot.
23 *Tishrei*	*Simchat Torá* "Júbilo da Torá"	Celebra o final da leitura anual do Pentateuco.

Mês	Festival	Descrição (cont.)
25 *Kislev*	*Chanucá* "Inauguração"	Festa das luzes, de inverno.
15 *Shevat*	*Tu-bishvat* "15 Shevat"	Ano Novo das árvores.
14 *Adar*	*Purim* "Sorte"	Celebra o genocídio evitado, como relatado em Ester.
15 *Nissan*	*Pessach* "Cordeiro sacrifical"	Festividade de Primavera que comemora o êxodo do Egito.
27 *Nissan*	*Yom ha-Shoah v'HaGevurah* "Dia do Holocausto e do heroísmo"	Dia da Memória do Holocausto.
4 *Iyar*	*Yom ha-Zikaron*	Dia da Memória pelos soldados mortos de Israel.
5 *Iyar*	*Yom ha-Atzmaut* "Dia da Independência"	Dia da independência de Israel.

Mês	Festival	Descrição	(cont.)
6 *Sivan*	*Shavuot* "Semanas"	Festividade de Primavera que comemora a entrega da Torá a Moisés no Sinai.	
9 *Av*	*Tisha B'av* "9 Av"	Dia de jejum e luto pela destruição dos dois Templos e outras atrocidades.	

Cronologia

Preparada por Rachel Davies

c. 1800 a.e.c. Os Patriarcas e Matriarcas
Abraão, Isaac e Jacó; Sara, Rebeca, Raquel e Léa

c.1300 a.e.c. Êxodo do Egito
Vida de Moisés

c.1200 a.e.c. Os israelitas migram para Canaã.

c.1020 a.e.c. Saul
Primeiro rei de Israel

c.1006 a.e.c. Rei Davi
Jerusalém é estabelecida como capital de Israel

c.965 a.e.c. Rei Salomão
Construção do Primeiro Templo

922 a.e.c. O reino se divide em duas partes, Israel e Judá.
Dez tribos de Israel, no reino setentrional, e duas tribos, Judá e Benjamin, no reino meridional de Judá

721 a.e.c. Israel é conquistada pelos assírios; as tribos setentrionais desaparecem

587 a.e.c. O Primeiro Templo é destruído; exílio babilônico

537 a.e.c. Retorno a Jerusalém; vida de Esdras e Neemias; construção do Segundo Templo

*c.*200 a.e.c. Septuaginta (LXX)
Tradução do Pentateuco para o grego

165 a.e.c. Rebelião dos macabeus contra o domínio grego de Antíoco Epifânio

0 e.c. Época de Hilel, sábio e rabino; Jesus de Nazaré (*c.*4. a.e.c.-*c.*29e.c)

66-73 e.c. Revolta judaica contra Roma:
   Fílon de Alexandria (c.20 a.e.c.-40 e.c.), filósofo judeu e autor clássico
   Flávio Josefo ou Flávio José (c.37-100 e.c.), historiador, autor de *Antiguidades Judaicas*
   Queda de Massada em 73 e.c.; suicídio judaico em massa diante do exército romano

70 e.c. Destruição do Segundo Templo e queda de Jerusalém

131 e.c. Adriano denomina Jerusalém como "Aelia Capitolina"
Um templo a Júpiter é construído no lugar do Templo Judaico; os judeus são proibidos de entrar na cidade.

132-5 e.c. Revolta de Bar Kochba

200 A Mishná é redigida por Judah haNassi.

312 Constantino converte o Império Romano ao Cristianismo

450-550 O Talmude de Jerusalém e o da Babilônia são concluídos

638 Os árabes conquistam Jerusalém

900-1090 A Era de Ouro da cultura judaica na Espanha:
    Ibn Ezra (c.1092-1167), gramático e comentarista da Bíblia
    Judah Halevi (c.1085-1141), poeta
    940 Saadia Gaon (882-942) compila o primeiro livro judaico de orações
    Rashi (1040-1105), comentarista da Bíblia e do Talmude

1095-1291 Cruzadas
Massacre de judeus na Renânia, ilustrando um significativo aumento no preconceito cristão antijudaico e na violência contra judeus no período medieval

1135-1204 Maimônides
Rabino, filósofo e médico; autor da Mishnê Torá e do Guia dos Perplexos

1290 Os judeus são expulsos da Inglaterra

1306 Os judeus são expulsos da França

1488-1575 Joseph Caro
Rabino, autor do Shulchan Aruch

1472 Inquisição espanhola

1492 Expulsão dos judeus da Espanha

1497 Expulsão dos judeus de Portugal
Os judeus migram para a Polônia, Países Baixos, Turquia, países árabes, Palestina, América do Sul e América Central durante os cem anos seguintes

1516 É criado o Gueto de Veneza

1567 Expulsão dos judeus da Itália

1534-1612 Isaac Luria
Desenvolve a Cabala, o misticismo judaico

1626-1676 Shabatai Tzvi
Autoproclamado Messias (1665), convertido ao islamismo (1656)

1656 Os judeus são readmitidos na Inglaterra através de Oliver Cromwell

1700-1760 Baal Shem Tov
Fundador do judaísmo hassídico

1729-1786 Moses (Moisés) Mendelssohn
Filósofo do Iluminismo

1789 Revolução Francesa
Plenos direitos assegurados aos judeus em 1791.

1791 O Território do Acordo é criado na Rússia

1810 O movimento da Reforma tem início na Alemanha

Abraham Geiger (1810-1874), um dos fundadores do judaísmo reformista

1837 Moses Montefiore (1784-1885), líder anglo-judeu e primeiro judeu a receber o título de cavaleiro pela rainha Vitória

1858 Os judeus são emancipados na Inglaterra

1870-1890 Aliá (imigração judaica) para Israel, auxiliada por Edmond de Rothschild

Eliezer Ben-Yehuda (1858-1922) faz o Hebraico renascer como língua falada

1881-1884, 1903-1906, 1918-1920 Três grandes ondas de progroms na Rússia e na Ucrânia
Os judeus que fugiam da perseguição emigram, principalmente para os EUA e Palestina

1882-1903 A primeira Aliá

1894-1906 O Caso Dreyfus
Controverso julgamento e sentença de um capitão judeu, Alfred Dreyfus, exonerado em 1906

1897 Teodor Herzl escreve *Der Judenstadt*, que defende a pátria judaica
O Primeiro Congresso Sionista tem lugar na Basileia

1917 A Declaração Balfour é publicada, declarando o apoio oficial britânico para "a fundação de uma Pátria Nacional Judaica na Palestina"

1917 O Território do Acordo é abolido

1920 Tem início o mandato britânico na Palestina

1933 Hitler sobe ao poder na Alemanha

1935 Leis de Nuremberg são aprovadas
Os judeus perdem a cidadania alemã e não podem exercer cargos públicos

1938 Kristallnacht (Noite dos Cristais)
"A noite dos vidros quebrados"; pogroms por toda a Alemanha; sinagogas, lojas e domicílios judaicos destruídos e saqueados; 26 mil judeus presos

1939-1945 Segunda Guerra Mundial e o Holocausto
Seis milhões de judeus assassinados, além de cinco milhões de outras pessoas, incluindo minorias, como ciganos, homossexuais, Testemunhas de Jeová, comunistas e deficientes

1942 É criado na Grã-Bretanha o Conselho de Cristãos e Judeus

1947 As Nações Unidas votam a favor da partilha e criação de Estados judaico e árabe na Palestina

1948-1955 David Ben-Gurion declara o Estado de Israel; as nações árabes rejeitam o plano e invadem Israel
Guerra da Independência
Início da crise dos refugiados palestinos
Centenas de milhares de judeus são expulsos dos países árabes

1964 Criação da Organização pela Libertação da Palestina (OLP)

1962-1965 Concílio Vaticano II

1965 Declaração da *Nostra Aetate*
Simboliza a reaproximação entre cristãos e judeus na segunda metade do século XX

1967 Guerra dos Seis Dias
Israel toma Jerusalém, Cisjordânia, Faixa de Gaza, Península do Sinai e Colinas de Golã

1973 Guerra do Yom Kipur

1975 As Nações Unidas adotam resolução de equiparar sionismo com racismo
Rescindida em 1991

1976 Israel resgata reféns sequestrados e levados para Entebe, Uganda

1978 Acordo de Camp David
Negociações entre Israel e Egito; tratado de paz entre os dois países assinado em 1979; a Península do Sinai é devolvida ao Egito

1979 O papa João Paulo II visita Auschwitz

1979-1985 Operação Elias, Operação Moisés
Resgate de judeus etíopes para Israel

1982 Guerra do Líbano

1987-1993 Primeira Intifada
Palestinos se revoltam contra Israel

1990s c. 900 mil judeus soviéticos emigram para Israel

1993 Israel e OLP assinam os Acordos de Oslo
Acordo israelense-palestino sobre procedimentos para a paz

1994 O Vaticano reconhece Israel

1994 Israel e Jordânia assinam tratado de paz

1995 Yitzhak Rabin é assassinado

2000 O papa João Paulo II faz peregrinação em Israel

2000 Retirada israelense do Líbano

2000 Cúpula de Camp David
Negociações israelense-palestinas; sem acordo

2000 Tem início Intifada al-Aqsa
Segunda revolta palestina

2000 Dabru Emet
Declaração publicada por intelectuais judeus sobre a compreensão judaica do cristianismo

2004 Morte de Yasser Arafat

2005 Retirada israelense de Gaza

Bibliografia

ALEXANDER, P. *Textual Sources for the Study of Judaism*. Manchester: MUP, 1984.

SINGER, I. Bashevis, *Um amigo de Kafka*. Porto Alegre: L&PM, 2005.

BUBER, M. *Eu e Tu.*, São Paulo: Centauro, 2001. Original publicado em 1958.

EBAN, A. *My Country: The Story of Modern Israel*. Londres: Weidenfeld and Nicolson, 1972.

DONIN, H. H. *To Pray as a Jew: A Guide to the Prayer Book and the Synagogue Service*. Nova York: Basic Books, 1980.

FACKENHEIM, E. *To Mend the World: Foundations of Post-Holocaust Jewish Thought*. 2ª ed. Nova York: Basic Books, 1982.

GRYN, H. *Chasing Shadows*. Londres: Penguin, 2001.

HESCHEL, A. J. *God in Search of Man: A Philosophy of Judaism*. Nova York, 1956.

HESCHEL, S. *On Being a Jewish Feminist: A Reader*. Nova York: Schocken, 1983.

JACOBS, L. *A Tree of Life*. Nova York: OUP, 1984.

——. *A Jewish Theology*. Londres: Darton, Longman and Todd, 1973.

KELLNER, M. *Must a Jew Believe Anything?*, Londres: Littman, 1999.

LANGE, N. de. *An Introduction to Judaism*. Cambridge: CUP, 2000.

MENDES-FLOTHR, P. e REINHARZ, J. (eds). *The Jew in the Modern World: A Documentary History*. Nova York: OUP, 1995.

NOVAK, D. *Jewish-Christian Dialogue: A Jewish Justification*. Nova York: OUP, 1989.

SACHAT, H. M. *The Course of Modern Jewish History*. Nova York: Vintage, 1990.

SACKS, J. *A dignidade da diferença: Como evitar o choque das civilizações*. Lisboa: Gradiva, 2006.

——. *The Politics of Hope*. Londres: Jonathan Cape, 1997.

SOLOMON, N. *Judaism and World Religion*. Londres: Macmillan, 1991.

VERMES, G. *As várias faces de Jesus*. Rio de Janeiro: Record, 2006.

WIESEL, E. *A noite*. Rio de Janeiro: Ediouro, 2006.

——. *Dawn*. Toronto: Bantam, 1982.

Bíblia

BERLIN A. e BRETTLER, M.Z. (eds). *The Jewish Study Bible*. Oxford: OUP, Nova York, 2004.

The JPS Torah Commentary Series:
N. Sarna (ed.), *Genesis,* 1989.
N. Sarna (ed.), *Exodus,* 1991.

B. A. Levine (ed.), *Leviticus*, 1989.
J. Milgrom (ed.), *Numbers*, 1990.
J. H. Tigay (ed.), *Deuteronomy*, 1996.

Dicionários

JACOBS, L. *The Jewish Religion: A Companion*. Oxford: OUP, 1995.

WERBLOWSKY, R. L. Z. e WIGODER, G. (eds). *The Oxford Dictionary of the Jewish Religion*. Oxford: OUP, Nova York, 1997.

KESSLER, G. e WENBORN, N. (eds). *A Dictionary of Jewish-Christian Relations*. Cambridge: CUP, 2005.

Leituras adicionais

COHEN A. A. e MENDES-FLOHR, P. (eds). *Contemporary Jewish Thought*. Londres: Collier Macmillan, 1987.

COHN-SHERBOK, D. *Holocaust Theology: A Reader*. Exeter: University of Exeter Press, 2002.

FRY, H. P. (ed.). *Christian-Jewish Dialogue: A Reader*. Exeter: University of Exeter Press, 1996.

GILBERT, M. *Never Again: A History of the Holocaust*. Londres: HarperCollins, 2002.

GREENBERG, I. *The Jewish Way: Living the Holidays*. Nova York: Touchstone Books, 1993.

HALEVI, Y. K. *At the Entrance to the Garden of Eden: A Jew's Search for God with Christians and Muslims in the Holy Land*. Nova York: William Morrow, 2001.

HERTZBERG, A. *The Zionist Idea: A Historical Analysis and Reader*. Nova York: Haper and Row, 1966.

MAGONET, J. *A Rabbi's Bible*. Londres: SCM, 1991.

OZ, A. *In the Land of Israel*. Londres: Chatto and Windus, 1983.

POTOK, C. *The Chosen*. Londres: Heinemann, 1966.

RUBENSTEIN R. e ROTH, J. *Approaches to Auschwitz: Legacy of the Holocaust*. Londres: SCM, 1987.

WRIGHT, M. J. *Understanding Judaism*. Cambridge: Orchard Academic, 2003.

Recursos na internet

http://www.jewishvirtuallibrary.org
Biblioteca virtual judaica — Recursos gerais

http://eir.libray.utoronto.ca/jewishhistory/
Guia acadêmico da história judaica

http://sicsa.huji.ac.il/
Centro Internacional Vidal Sassoon para o estudo do antissemitismo

http://www.hum.huji.ac.il/dinur/
Centro de recursos da história judaica

http://www.yadvashem.org/
Portal do Memorial do Holocausto do Povo Judeu, Jerusalém

http://www.bh.org.il/
Beth Hatefutsoth — Museu do Povo Judeu

http://www.imj.org.il/
O Museu de Israel, Jerusalém

http://www.knesset.gov.il/index.html
O Knesset, Parlamento israelense

http://nswas.com
Neve Shalom (Wahat al-Salam), aldeia israelense fundada em conjunto por judeus e palestinos árabes com cidadania israelense

http://www.jewish-studies.com/
Lista de estudos acadêmicos judaicos na internet

http://www.jcrelations.net/
Percepções e debates das relações judaico-cristãs

http://www.cjcr.cam.ac.uk
Centro para o estudo das relações judaico-cristãs, Cambridge

http://www.clal.org/
Centro judaico nacional para aprendizado e liderança, EUA

http://www.joi.org/
Instituto Judaico de Assistência

http://www.jrep.com/
The Jerusalem Report (revista)

http://www.haaretz.com/
Jornal israelense de esquerda

http://www.thejewishweek.com/
Portal da comunidade judaica de Nova York

http://www.brandeis.edu/hrijw/
The Hadassah-Brandeis Institute — estudos sobre judaísmo e gênero

http://www.fortunecity.com/exetershul/newsletter/poempassover.html
Poema de Pessach

http://www.jewishvirtuallibrary.org/jsource/Holocaust/ccmap1.html
Principais campos de concentração e de extermínio, Biblioteca Virtual Judaica

http://www.apikorostalmud.blogspot.com
"Não é o Talmude do seu pai"

http://www.lib.utexas.edu/Libs/PCL/Mapcollection/middleeast.html
Mapas do Oriente Médio

Índice Remissivo

Abdullah, rei da Transjordânia, 110
Abraão (Abrão), 18, 35-9, 42, 78
Adriano, imperador romano, 157
Albo, Joseph, 73
Alemanha, 57
  ver também Holocausto
aliança, 36, 77-81
alimentação ver refeições
Allen, Woody, 37, 103-6
Amidá, 129
Ano-Novo das árvores, 96-7, 152
Ano-Novo, 90-2, 151
Antijudaísmo, 54-62
  ver também Holocausto
após a morte, crença na vida, 48, 106
árabes
  e Jerusalém, 157
  em Israel, 67-8, 111, 142-46, 161, 163
  guerras com Israel, 65, 111, 112, 141-44, 162

Arafat, Yasser, 163
Arão, 41
arcas, 123
arrependimento, 91-3

Babel, Torre de, 115
Babilônia, 27, 157
Balfour, Declaração de, (1917), 64, 167
Bar Kochba, revolta de, (132-5 d.C.), 157
Beloc, Hilaire, 139
bem-estar social, 126
Ben-Gurion, David, 65, 69, 110, 161
Ben-Yehuda, Eliezer, 159
Berlin, Isaías, 13, 137
Bezerro de Ouro, 80
Bíblia
  atitude judaica à, 78, 79
  Deuteronômio, 69, 79
  Eclesiastes, 93
  Ezequiel, 141
  Gênesis, 35-8, 80, 87
  Isaías, 78

Jeremias, 23, 28
Levítico, 92, 132
Livro de Ester, 97
Pentateuco, 48, 73, 129
Salmos, 21
Septuaginta, 156
Bilá, 39
Browne, Cecil, 139
Buber, Martin, 31, 69, 72, 83, 134-35

cabala, 158
Camp David, Acordo de, (1978), 162
campos de concentração e morte, 60
Caro, Joseph, 158
casamentos mistos, 140
chalá, 90
Chalom, Adam, 140
Chanucá, 96, 152
Cisjordânia, 67, 142-46
Conselho de Cristãos e Judeus, 161
"consertar o mundo", 85
Cristianismo
  e antijudaísmo, 55-8
  e antisemitismo, 58-60
  e relações modernas com o judaísmo, 132-36, 163
  e separação do judaísmo, 49
Cromwel, Oliver, 159
Cruzadas, 56, 157

Dabru, Emet, 163
Davi, rei, 155
Deus
  Allen sobre, 103
  e o Holocausto, 81-6
  relação com, 19, 21, 29, 36, 69-73, 77-81
Dia da Memória do Holocausto, 102, 152, 161
diálogo inter-religioso, 132-36
Diáspora, 24, 25, 27-33
Diná, 39
discussão, amor pela, 53
Dreyfus, Caso (1894), 58
Dunn, James, 49
Dworkin, Andrea, 115-19

educação, 124, 125
Egito
  Êxodo do, 40-46, 98-100
  Israel, 141, 162
  relações modernas com
Ehrenberg, Rudolf, 133
Einstein, Albert, 125
Entebe, reféns de, (1976), 162
Era do Rádio (filme), 104
Esaú, 39, 42
Esdras, 79, 129, 156
Espanha, 158
Essênios, 48
estatísticas
  cidades com a maior população judaica, 24-5

de judeus casados com não judeus, 140
do Holocausto, 61
países com a maior população judaica, 23-4
população não judaica de Israel, 67
Ester, 97
Etiópia, 16

Fackenheim, Emil, 20, 85
fariseus, 47
feminismo, 116-19
Festa das Luzes, 95, 152
Festa das Semanas, 100-1, 152
festividades/feriados, 90-102, 151-53
Filhos de Israel: significado, 40
França, 57, 58-9, 158
Frank, Anne, 20

Galut, 27
Gandhi, Mahatma, 31
Gaon, Saadia, 157
Gaza, 143, 145, 163
Geiger, Abraham, 159
Grã-Bretanha, 65, 166-67
ver também Inglaterra
Greenberg, Irving, 85-6
Gryn, rabino Hugo, 62, 83, 106-9
Guerra dos Seis Dias (1967), 141, 162

Haftará, 129
Hagadá, 98
Hagar, 36
Halevi, Judah, 157
Hamã, 97
haNassi, Judah, 157
Hassídico, judaísmo, 159
havdalá, 90
hebraico, 50, 65, 159
Herzl, Teodor, 64, 160
Hilel, Rabino, 46, 52, 156
Hitler, Adolf, 59
Holocausto, 19-20, 59-62, 108-9
  reações ao, 81-6

Ibn Ezra, 157
idiomas/línguas, 51-2, 65, 159
Igreja Ortodoxa e antijudaísmo, 58
Independência de Israel, Dia da, 102, 152
Inge, William Ralph, 144
Inglaterra, 57, 158, 159
  ver também Grã-Bretanha
Intifadas, 163
Isaac, 37-40, 42
Isaías, 129
islamismo, 56
  ver também árabes
Ismael, 37, 42
Israel,
  apoio dos judeus da Diáspora para, 33
  chances de paz futura, 141-50

como Terra Prometida, 80
criação do Estado moderno, 63-8, 161
e sionismo, 32, 63-8, 160, 162
estatísticas populacionais de, 25, 26, 67
etimologia, 39-40, 83-4
guerras entre árabes e, 65, 111, 112, 141-44, 162
imigração de retorno a, 30-1, 64-5, 159, 160
países de origem da população judaica, 26, 67
partida inicial dos judeus de, 27
sob o governo de Meir, 110-12
Itália, 158

Jacó, 39-40, 42-3
Jeremias, 80
Jerônimo, 63
Jerusalém
conquista árabe de (638 e.c.), 157
denominada por Adriano (131 e.c.), 157
destruição do Primeiro Templo de (586), 27
destruição do Segundo Templo de (70 e.c.), 27, 47
instaurada como capital de Israel (c.1006 a.e.c.), 155
peregrinações ao Templo de, 123
reinauguração do Templo de (165 a.e.c.), 95
Jesus, 49, 134
João Paulo II, papa, 134, 163
José, 43-4
Josefo, 156
judaica, revolta (673 e.c.), 156
Judaísmo Reformista, 159
judaísmo
como modo de vida, 90-102
continuidade futura do, 137-41
judeus humanistas *ver* judeus humanistas e seculares
judeus ortodoxos, 14, 75-6, 82
judeus progressistas, 75-6
judeus seculares e humanistas, 77, 137
judeus
efeitos de ser minoria, 18-21
estatísticas *ver* estatísticas
etimologia e origens, 17
traços típicos da personalidade, 104

kadish, 131
kibutzim, 64

Léa, 39-40, 43
Levinas, Emmanuel, 136
Lincoln, Abraham, 21

livros e escrituras, 51-2
  ver também Bíblia, Talmude, Torá
Luria, Isaac, 158
Lutero, Martinho, 57

Maas, Sivan, 138
Maimônides, 71, 73, 91, 158
mandamentos, 21, 101
Manuscritos do Mar Morto, 49
Marx, irmãos, 105
Massada, cerco de (73 e.c.), 156
massoretas, 75
Meir, Golda, 109-12
Mendelssohn, Moses, 159
midrash, 51-2
Miriam, 40
Mishná, 18
Moisés, 40-6, 72, 80
monoteísmo, 69-73
Montefiore, Moses, 159
Mordecai, 97
morte
  crença na vida pós-morte, 48, 1069
  orações para os mortos, 131
Mossad, 112

Neemias, 129, 156
ner tamid, 123

o Outro, 132-36
Olimpíadas de Munique (1972), 112

oração, 127-31
Oslo, Acordos de (1993), 163

palestinos, 67-8, 111, 142-46, 161, 163
Pascal, Blaise, 71
pecados, expiação dos, 90-4
Pentateuco, 48, 73, 129
Pessach, 98-101, 152
Philo, 156
Portugal, 158
Purim, 97, 152

Rabi, Isadore, 17
Rabin, Yitzhak, 12
rabínico, período, 46-54
rabinos, 126-27
Raquel, 39-40
Rashi, rabino, 88-9, 158
Rebeca, 39-40, 42
reconciliação, 91
refeições
  de Pessach, 98-100
  de sexta-feira à noite, 89
Rosenweig, Franz, 133-34
Rosh Hashaná, 90-2, 151
Rostein, Leo, 140
Rothschild, Edmond de, 159
Rubenstein, Richard, 84
Rússia, 58, 159, 167
  ver também União Soviética

Sacks, Rabino Jonathan, 13, 70, 113-16, 132, 145

Sadat, Anwar, 143
saduceus, 47
Salomão, rei, 155
Sara (Sarai), 36, 42
Saul, Rei, 155
seder, refeição, 98-100
segulá, 79
Septuaginta, 156
serviços de culto, 88-9, 121-23, 124, 129-31
Shabat, 87-90
Shamai, Rabino, 46, 52-3
Sharon, Ariel, 145
Shavuot, 101, 153
Shechiná, 29
Shemá, 69, 128
Shemini Atzeret, 151
Shoah, 61
shofar, 91
Simchat Torá, 95, 151
sinagogas, 121-27
sionismo, 32, 63-8, 161, 162
Sucot, 94, 151

Talmude
  e Shabat, 47
  estudo secular do, 138
  Jerusalém e Babilônia, finalização do em, 100
  Meguil, 29
  natureza não dogmática, 16
  sobre Purim, 97
  visão geral do, 48, 53-4

Teshuvá, 93
teyku, 16
tikkun olam, 85
Tisha B'av, 153
Torá
  ciclos anuais de leitura da, 95
  diferenças teológicas sobre a, 13
  e os rabinos, 47
  e serviços de culto, 88-9, 130
  e Shavuot, 100-1
  Hilel sobre a essência da, 46
  oral e escrita, 48, 78
  ordens na, 21
  Pentateuco, 48, 73, 129
  Septuaginta, 156
  visão geral da, 51-2, 73-7
Tov, Baal Shem, 159
traços de personalidade, 104-5

  Tu-bishvat, 95-7, 152
Tzvi, Shabatai, 158

Ucrânia, 160
União Soviética, 66, 163
  ver também Rússia

Veneza, Gueto de, 158

Wiesel, Elie, 81-2, 84

yeshivá, 51
Yom ha-Atzmaut, 102, 152
Yom Kipur, 92-3, 151
Yom Kipur, Guerra do (1973), 66, 112
Yom-ha Shoah, 102, 152
Yom-ha Zikaron, 152
York, massacre em, (1190), 57

zelotes, 47
Zilpá, 39
Zípora, 41
Zohar, 100
Zola, Émile, 59

*O texto deste livro foi composto em Sabon,
desenho tipográfico de Jan Tschichold de 1964
baseado nos estudos de Claude Garamond e
Jacques Sabon no século XVI, em corpo 11/16.
Para títulos e destaques, foi utilizada a tipografia
Frutiger, desenhada por Adrian Frutiger em 1975.*

*A impressão se deu sobre papel off-white 80g/m²
pelo Sistema Cameron da Divisão Gráfica
da Distribuidora Record.*